蘇民峰

八字進階

論格局 看行運

出版緣起

圓方立極

「天圓地方」是傳統中國的宇宙觀，象徵天地萬物，及其背後任運自然、生生不息、無窮無盡之大道。早在魏晉南北朝時代，何晏、王弼等名士更開創了清談玄學之先河，主旨在於透過思辨及辯論以探求天地萬物之道，當時是以《老子》、《莊子》、《易經》這三部著作為主，號稱「三玄」。東晉以後因為佛學的流行，佛法便也融匯在玄學中。故知，古代玄學實在是探索人生智慧及天地萬物之道的大學問。

可惜，近代之所謂玄學，卻被誤認為只局限於「山醫卜命相」五術及民間對鬼神的迷信，故坊間便泛濫各式各樣導人迷信之玄學書籍，而原來玄學作為探索人生智慧及天地萬物之道的本質便完全被遺忘了。

有見及此，我們成立了「圓方出版社」（簡稱「圓方」）。《孟子》曰：「不以規矩、不成方圓」。所以，「圓方」的宗旨，是以「破除迷信、重人生智慧」為規，藉以撥亂反正，回復玄學作為智慧之學的光芒；以「重理性、重科學精神」為矩，希望能帶領玄學進入一個新紀元。「破除迷信、重人生智慧」即「圓而神」，「重理性、重科學精神」即「方以智」，既圓且方，故名「圓方」。

出版方面，「圓方」擬定四個系列如下：

1.「智慧經典系列」：讓經典因智慧而傳世；讓智慧因經典而普傳。

2.「生活智慧系列」：藉生活智慧，破除迷信；藉破除迷信，活出生活智慧。

3.「五術研究系列」：用理性及科學精神研究玄學；以研究玄學體驗理性、科學精神。

4.「流年運程系列」：「不離日夜尋常用，方為無上妙法門。」不帶迷信的流年運程書，能導人向善、積極樂觀、得失隨順，即是以智慧趨吉避凶之大道理。

此外，「圓方」成立了「正玄會」，藉以集結一群熱愛「破除迷信、重人生智慧」及「重理性、重科學精神」這種新玄學的有識之士，並效法古人「清談玄學」之風，藉以把玄學帶進理性及科學化的研究態度，更可廣納新的玄學研究家，集思廣益，使玄學有另一突破。

自序

八字中，定格局是一個重要的課題，因定出格局以後便知道到底適宜從事何種職業。而在一個八字中，有時會出現多種不同的格局，有時又會因行運而變格，所以分析八字時，最重靈活，切勿拘泥於格局之中。因此，如定得到格局則定，定不到格局則按照局中用神去判斷其行運好了，不會因定不出八字而無法論命之吉凶。

如官殺透出成格，皆宜從事管理工作，即使行官殺之好運，從商時亦適宜與人合謀，並由自己出任管理的職位；又如食傷佩印，則宜從事文職及思想性之工作；至於食傷生財就最宜從商，唯必要以食傷為喜，否則不易成功。另外，又有局中用神不透者，主要看行何種運而從事不同的工作。

總而言之，無論從商也好，從事專業也好，作為普通上班族也好，打工皇帝也好，其工作性質皆受到格局的牽制。

蘇民峰

作者簡介

蘇民峰 長髮，生於一九六〇年，人稱現代賴布衣，對風水命理等術數有獨特之個人見解。憑着天賦之聰敏及與術數的緣分，對於風水命理之判斷既快且準，往往一針見血，疑難盡釋。

以下是蘇民峰這三十年之簡介：

八三年 開始業餘性質會客以汲取實際經驗。

八六年 正式開班施教，包括面相、掌相及八字命理。

八七年 毅然拋開一切，隻身前往西藏達半年之久。期間曾遊歷西藏佛教聖地「神山」、「聖湖」，並深入西藏各處作實地體驗，對日後人生之看法實跨進一大步。回港後開設多間店舖（石頭店），售賣西藏密教法器及日常用品予有緣人士，又於店內以半職業形式為各界人士看風水命理。

八八年 夏天受聘往北歐勘察風水，足跡遍達瑞典、挪威、丹麥及南歐之西班牙，回港後再受聘往加拿大等地勘察。同年接受《繽紛雜誌》訪問。

八九年 再度前往美加，為當地華人服務，期間更多次前往新加坡、日本、台灣等地。同年接受《城市周刊》訪問。

九〇年 夏冬兩次前往美加勘察，更多次前往台灣，又接受台灣之《翡翠雜誌》、《生活報》等多本雜誌訪問。同年授予三名入室弟子蘇派風水。

九一年 續去美加、台灣勘察。是年接受《快報》、亞洲電視及英國BBC國家電視台訪問。所有訪問皆詳述風水命理對人生的影響，目的為使讀者及觀眾能以正確態度去面對人生。同年又出版了「現代賴布衣手記之風水入門」錄影帶，以滿足對風水命理有研究興趣之讀者。

九二年 續去美加及東南亞各地勘察風水，同年 BBC 之訪問於英文電視台及衛星電視「出位旅程」播出。此年正式開班教授蘇派風水。

九四年 首次前往南半球之澳洲勘察，研究澳洲計算八字的方法與北半球是否不同。同年接受兩本玄學雜誌《奇聞》及《傳奇》之訪問。是年創出寒熱命論。

九五年 再度發行「風水入門」之錄影帶。同年接受《星島日報》及《星島晚報》之訪問。

九六年 受聘前往澳洲、三藩市、夏威夷、台灣及東南亞等地勘察風水。同年接受《凸周刊》、《壹本便利》、《優閣雜誌》及美聯社、英國 MTV 電視節目之訪問。是年正式將寒熱命論授予學生。

九七年 首次前往南非勘察當地風水形勢。同年接受日本 NHK 電視台、丹麥電視台、《置業家居》、《投資理財》及《成報》之訪問。同年創出風水之五行化動土局。

九八年 首次前往意大利及英國勘察。同年接受《TVB 周刊》、《B International》、《壹週刊》等雜誌之訪問，並應邀前往有線電視、新城電台、商業電台作嘉賓。

九九年 再次前往歐洲勘察，同年接受《壹週刊》、《東周刊》、《太陽報》及無數雜誌、報章訪問，同時應邀往商台及各大電視台作嘉賓及主持。此年推出首部著作，名為《蘇民峰觀相知人》，並首次推出風水鑽飾之「五行之飾」、「陰陽」、「天圓地方」系列，另多次接受雜誌進行有關鑽飾系列之訪問。

二千年 再次前往歐洲、美國勘察風水，並首次前往紐約，同年 masterso.com 網站正式成立，並接受多本雜誌訪問關於網站之內容形式，及接受校園雜誌《Varsity》、日本之《Marie Claire》、復康力量出版之《香港 100 個叻人》、《君子》、《明報》等雜誌報章作個人訪問。同年首次推出第一部風水著作《蘇民峰風生水起（巒頭篇）》、

第一部流年運程書《蛇年運程》及再次推出新一系列關於風水之五行鑽飾，並應無線電視、商業電台、新城電台作嘉賓主持。

○一年 再次前往歐洲勘察風水，同年接受《南華早報》、《忽然一週》、《蘋果日報》、日本雜誌《花時間》、NHK 電視台、關西電視台及《讀賣新聞》之訪問，以及應紐約華語電台邀請作玄學節目嘉賓主持。同年再次推出第二部風水著作《蘇民峰風生水起（理氣篇）》及《馬年運程》。

○二年 再一次前往歐洲及紐約勘察風水。續應紐約華語電台邀請作玄學節目嘉賓主持，及應邀往香港電台作嘉賓主持。是年出版《蘇民峰玄學錦囊（相掌篇）》、《蘇民峰八字論命》、《蘇民峰玄學錦囊（姓名篇）》。同年接受《3週刊》、《家週刊》、《快週刊》及日本的《讀賣新聞》之訪問。

○三年 再次前往歐洲勘察風水，並首次前往荷蘭，續應紐約華語電台邀請作玄學節目嘉賓主持。同年接受《星島日報》、《東方日報》、《成報》、《太陽報》、《壹週刊》、《壹本便利》、《蘋果日報》、《新假期》、《文匯報》、《自主空間》之訪問，及出版《蘇民峰玄學錦囊（風水天書）》與漫畫《蘇民峰傳奇1》。

○四年 再次前往西班牙、荷蘭、歐洲勘察風水，續應紐約華語電台邀請作風水節目嘉賓主持，及應有線電視、華娛電視之邀請作其節目嘉賓，同年接受《新假期》、《MAXIM》、《壹週刊》、《太陽報》、《東方日報》、《星島日報》、《成報》、《經濟日報》、《快週刊》、《Hong Kong Tatler》之訪問，及出版《蘇民峰之生活玄機點滴》、漫畫《蘇民峰傳奇2》、《家宅風水基本法》、《The Essential

Face Reading》、《The Enjoyment of Face Reading and Palmistry》、《Feng Shui by Observation》及《Feng Shui — A Guide to Daily Applications》。

〇五年始 應邀為無線電視、有線電視、亞洲電視、商業電台、日本NHK電視台作嘉賓或主持，同時接受《壹本便利》、《味道雜誌》、《3週刊》、《HMC》雜誌、《壹週刊》之訪問，並出版《觀掌知心（入門篇）》、《中國掌相》、《八字萬年曆》、《八字入門捉用神》、《八字進階論格局看行運》、《生活風水點滴》、《風生水起（商業篇）》、《如何選擇風水屋》、《談情說相》、《峰狂遊世界》、《瘋蘇Blog Blog趣》、《師傅開飯》、《蘇民峰美食遊蹤》、《A Complete Guide to Feng Shui》、《Practical Face Reading & Palmistry》、《Feng Shui— a Key to Prosperous Business》、五行化動土局套裝、《相學全集一至四》、《風生水起（理氣篇）》、《風生水起（巒頭篇）》、《風生水起（例證篇）》、《八字秘法（全集）》、《简易改名法》、《八字筆記（全集）》、《玄學錦囊（姓名篇）》、《觀相知人》、《實用面相》等。

蘇民峰顧問有限公司
網址：http://www.masterso.com
預約及會客時間：星期一至五下午二時至五時）

目錄

第八章　建祿格　105

第九章　羊刃格　117

第十章　論行運　133

第十一章　論從格及化格　141

第十二章　八字遺稿

第一章

論格局

論格局

六格

正官格、七殺格（偏官格）、財格（正財、偏財）、印格（正印、偏印）、食神格、傷官格。

八格

六格以外，再加上羊刃格、建祿格。

十格

在六格、八格的基礎上，再將財格分為正財格、偏財格；印格分為正印格、偏印格。

不論六格也好，八格也好，十格也好，學習八字時，實不必拘泥於名稱與理論。事實上，看八字時，首要看月令為何支、支中所藏者為何，然後再看天干透出何神，並統觀全局何者為重。有時月令雖為正官，但天干透殺印則變成殺印相生；透財殺又可能變成財生殺旺或財滋弱殺；透官印則可用月令之官成官印相生。由於其中變化甚多甚活，所以唯有多舉例子，讓讀者觸類旁通。

又除以上正常格局外，尚有變格，自會一一引述。

第二章

正官格

正官格

月令正官，天干官星透出，是支藏干透，餘位不宜再見；又需日主健旺，局中見財見印，財以生官，印以生身。局中如不見傷官，七殺混雜便為入格，而入格者，必有一定的地位與成就。如調候配合得宜，必成貴格。

正官格之太過與不及

正官太過

日干強——正官天透地藏復有強印，而成官旺生印，印旺生身，而日元自旺其身，無用可言，成五行閉塞不通之局。

日干弱——正官天透地藏而局中財星過旺而沒有印生日元，而成財旺生官，官旺變殺成殺旺攻身。

正官不及

日干強——印旺，官殺弱，局中無財生官，成孤官星無力剋制日元之局。

官星衰，局中食傷乘旺，致使官星不能為用（但這種格局可變成棄官星而用食傷洩秀，此乃格局之變格）。

正官格之成立

日干強——官星輕而有財生官。
官星旺、印弱，可用印洩官通關為用。
官星旺，局中透食傷但有印制食傷護官或財洩食傷生官。

日干弱——官星旺有印化之。

正官格之破敗

日干強——官星弱，印強洩弱官星而官星無力制日元。

日干弱——官星旺而逢強財生之。
官星旺復見食傷洩日元而使日元剋洩交加。

天干透官——又透傷官，成傷官見官而破格。
又透七殺，成官殺混雜而破格。

天干官星重現，使格局混濁，為重官不貴。

月令官星逢刑沖。

正官格之喜忌

喜——正官格一般喜身旺，有印綬制食傷以保護官星。

有七殺而透食神制殺。

有財去生官而不礙印，成財印不相礙。財印相礙代表當官者之下屬會各自爭鬥或欠缺助力，因而影響自己。

有財生官而不為比劫所奪。

忌——日干弱官旺而無印生身。

有七殺相混而不能去之。

有傷官剋官、食神礙官而不得和解。

官星逢刑沖破害而不得會合和解。

官星合別干而不合日元（官星合日元名「官來合我」，為貴格）。

印太多而洩弱官星之氣。

官星在時上為死絕之地。

正官格行運得失

日干強——印重而用財，宜得財星損印，喜食傷生財，忌行比劫奪財及印運。

財輕官弱，喜行財官旺地，忌行印劫之地。

食傷多，以財洩食傷生官為用，以財官運為得，比劫運為失。

比劫多，以官星制劫為用，以財官運為得，最忌者行印運。

日干弱——食傷多，取印為用，為印制食傷以護官，以官印運為得，食傷財運為忌。

官殺重重，以印化官殺為用，故以印運為佳。又官殺運有印洩之不忌，最忌者行財運生旺官殺而破印。

財星過旺，最宜比劫奪財為用，以比劫印運為佳，財官運為失。

正官格本忌見傷官，惟原命如有七殺，有傷官則能制殺而使格局變為清純，不以為忌。

例子：

杀	傷	日元	官
庚	丁	甲	辛
×	酉	×	×

月令正官，天干官殺同透為官殺混雜，但月令傷官透出與殺相鄰而成傷官制殺而獨用時上官星。

例子：

杀	傷	日元	官
辛	丙	乙	庚
×	申	×	×

月令官星，天干官殺透出為混雜，但得月干丙火傷官透出合去七殺，獨留時上官星，又得以成格。

正官格本忌劫財（男命主被人奪權，女命主與人爭夫），但如帶七殺，則殺與劫財相合而不為忌。

例子：

殺	劫	日元	官
庚×	乙酉	甲×	辛×

格中比劫透出爭夫爭權，但比劫被年上七殺合去而獨用時上官星而格成。

正官格身旺，本忌印綬洩官而生旺日元，但原局有食傷礙官，以印制食傷護官則不以為忌，最忌者為天干行財運。

例子：

E	印	食	日元	官
己)	(戊	癸巳	辛酉	丙申

官格身旺本忌透印，但因月令食傷透出混濁官星，如透出正印合食或偏印制食則有護官之效，故不以印為忌。

正官格原局帶七殺，不論以傷官合殺、比劫合殺或以印化殺，均忌再行七殺運，只有身旺而官殺弱見七殺助官才不以為忌。

正官格若財印並透天干，又地位無間隔則財印相礙，故官格透財印者最喜官星處於其中，這樣行運時財官印皆不以為忌。

例子：

財印相鄰

財	才	印	日元	官
己)	(戊	癸	甲	辛
		酉	×	×

官格透財印但財印相鄰，才來合印兩失其用，又財剋印則印受損，兩者皆不為喜。

例子：

財印相鄰，官星在其中

財	才	官	日元	印
己)	(戊	辛	甲	癸
		酉	×	×

官格財印並透為財官印三奇格，財以生官，印以生身，故不論用神或日元何者較弱，皆有用神可用，行運最忌天干比劫奪財。

正官格若官星透出、行運遇傷官剋官、見食神比劫合官、見七殺混官、見正官變重官，或月令官星逢刑沖會合而合成他神，均非佳運。

正官格遇七殺運為官殺混雜，運中容易惹上官司或險難、意外撞車等災劫。命造如身旺猶可，身弱則情況更為嚴重。

如正官格原局已帶七殺，行運再行七殺，則有可能被判刑。

正官格遇食神比劫合官，必辭職或免職（如身旺可轉而從商）。

例子：

	×	×
官	辛	酉
日元	甲	寅
	×	子

大運

	庚	申
	己	未
	戊	午
傷	丁	巳
	丙	辰

正官格身旺用官，運至丙丁，為傷官見官，食神合官，這情況可能代表命造工作之公司倒閉、部門解散或遭辭退，並因而得到一筆錢，促成轉而從商的機會。因此，其人不一定會因食傷礙官而變成壞運。

正官格用財生官而遇劫財運或財來合我而置官星於不顧，則命造會有人格墮落之象或有貪行。

例子：

	×	×
官	辛	×
日元	甲	×
才	己	×

原局合財而不合官，代表其人愛財多於愛官。當官者，主貪污無能，好酒貪色。

例子：

年	月	日	時
	官	日元	
××	辛酉	甲×	××

大運

庚申
己未
戊午

官格行財合日元之運為財來合我，一般人可斷為吉運，主男性財色兼收。惟為官者則貪贓枉法，其身不正。

正官格官星太旺，再行官運，則官多變殺，難免災非臨身（但如局中見印則逢凶化吉）。

例子：

戊申
辛酉
甲子
戊辰

原局官星通根乘旺，但因日元自坐印星，正所謂「眾殺成狂，一仁可化；一夫當關，群邪自伏」，所以即使行運再行官殺運，其災難亦不會太嚴重。

正官格流年沖犯正官，其年應有訴訟、爭論、糾紛或口舌之爭。

例子：

	官	日元	
××	辛酉	甲×	××

用之官星不可傷，不用官星盡可傷，如原局以官為用，而流年沖犯官星，則必然有官非禍事，撞車刀傷。但如原局雖有官星，惟格局不以官星為用，則即使沖官容易遇上意外，亦不會有嚴重之官災禍事。

例子：

劫	劫	日元	官
乙未	乙酉	甲辰	辛未
才	官	才	財

大運

甲申　癸未　壬午　辛巳　庚辰　己卯　戊寅

原論

此局以一般八字推算，應為財官旺用印劫之局。

但命造行已午未火旺之地皆為吉運，其解釋為因天干行金水，所以清貴，又說這八字因調候無力故運行南方火運能起調候的作用。

蘇民峰寒熱命論法（下統稱「蘇論」）

但如以寒熱命論來推算這個八字，實在顯淺而容易。

寒熱命定格局之法與傳統算命法其實無異——此局月令正官，時干官星透出，自坐財星，局中財星乘旺，日元雖通根於兩未一辰，但木不當令，其根無力，天干透兩劫皆無助。

但如以寒熱命來論命，則不論日元旺弱，只論行運，又此局不管日元旺弱，皆以行木火之地為佳，金水之地為凶。

原論論天干行金水故貴實非常牽強，因官旺身弱天干行官則重官，行殺則混殺。若以正統八字論此運，必然掉官失職，甚至官司重重。

以下例子，皆以比照之法，釋述傳統八字與寒熱命論如何闡論正官格及其行運喜忌。

例子：

劫	印	日元		財
甲	壬	乙		戊
申	申	巳	刑	寅
官	官	傷		劫

大運

乙	丙	丁	戊	己	庚
酉	戌	亥	子	丑	寅

原論

月令正官，兼用財印，喜其財印之間，中隔乙木，兩不相礙，故可兼用。

然秋木凋零，官逢生逢祿，財亦逢生逢祿，財官太旺，宜取印劫助身為用。

蘇論

其實此局即使以傳統算命法來推斷，亦應以食傷為用，因論乙木時已提過，「乙木雖柔，刲羊解牛，懷丁抱丙，跨鳳乘猴」，說明了乙木生於申酉月只要有印有根，已經不怕官殺來剋，遇殺可用食傷制殺，遇官可以棄官而用食傷。

例子：

時	日	月	年
才	日元	劫	殺
戊	甲	乙	庚
辰	子	酉	寅
才	印	官	祿

大運

丙戌　丁亥　戊子　己丑　庚寅　辛卯

原論

月令官星而七殺透出，為七殺旺也，此以透出而變為七殺格。由於局中配合得宜，故食傷財印皆可行，獨忌再行官殺。

蘇論

以格局論，上述八字結構完整，日元、財、殺、印皆旺，又有比劫合殺，似為佳構。不過，這種八字反而無用可言——

用殺則殺已乘旺；用財生殺更無需要；用印則子辰會水，再上三秋金旺生水，水已極旺毋須幫扶；用比幫但日元已通根於寅，自坐印星。事實上，即使以寒熱命論用木火，此造運行木火亦只是稍佳而已，並無突破。所以，原文論食傷財印皆可，獨忌官殺，因行官殺會變成重官混殺，破壞格局之完整。

例子：

印		日元		財		印
丙		己		壬	合	丁
寅	刑	巳	刑	寅		丑
官		印		官		祿

乙	丙	丁	戊	己	庚	辛	**大**
未	申	酉	戌	亥	子	丑	**運**

原論

官格用印，本忌見財，惟此局丁壬相合，互相牽制，格局隨之因合而清，為大貴之格。

蘇論

原論官格用印為官印相生，但月干透財與年干之壬相合卻成互相牽制之局，此乃正確的論法。今人見丁壬合即論為化木，此乃謬誤。

事實上，即使丁壬合真的可以化木，亦要條件配合才可，如要得丁坐卯，壬水無力，而地支木旺，才有化木的條件。

例子：

官	印	日元	印
己	辛	壬	辛
卯	未	寅	亥
傷	官	食	祿

大運

庚	己	戊	丁	丙	乙
午	巳	辰	卯	寅	丑

原論

此命雖正官當令，而地支亥卯未三合木局，官化為傷，日元自坐寅木，寅亥又合化為木，惟傷官重重，日元洩氣太甚。

若以辛印制傷滋身為用，則己土官星雖透，但只能取其生印而已。

蘇論

其實此局日元剋洩太過，不論以寒熱命論或以古法論斷，皆以印劫為用，而所不同者，官生印、印生日元是對的，但反過來說為生印以護官，因印可以制食傷，除了生日元，還有保護官星的作用，格局仍是官印相生。

再者，地支亥卯未會合木局，不會盡化為木，亥還是水，未還是土，只是木的力量大了而已。

例子：

才	比	日元	才
乙	辛	辛	乙
未	巳	亥	未
𠂎	官	傷	𠂎

巳亥沖

大運

庚	己	戊	丁	丙	乙
辰	卯	寅	丑	子	亥

原論

此命辛金生四月正官當令，但因金生於夏月，火旺金溶，燥土不生，見水潤之，才有反生之功，所以其重在壬水。

蘇論

此局金生於三夏火旺之地，用水明矣，可惜巳亥相沖，減弱了水的力量。

加上天干壬癸不露，所以此為一般格局而已，即使行三十年水地，亦只能衣食饒足。

例子：

	時	日	月	年
	印	日元	財	比
	辛亥	壬子	丁未	壬子
	祿	刃	官	刃

大運：戊申　己酉　庚戌　辛亥　壬子　癸丑

原論

此造壬水雖生六月，惟兩逢羊刃，時逢得祿，所以反以月令為官星為用。官弱喜透財生之，可惜丁壬一合，用神受羈絆，以致其志不能遠達，只屬中等而已。

蘇論

未發明寒熱命論時，此局為體用互換，必以月令官星為用，而用上月令，則用神必然有力，所以體用互換的格局，一般都是較佳的格局，這也是我以前論命的看法。但這局用寒熱命論則簡單明瞭——三夏火旺之時，必以水為用，水多為好命，水少為劣命（無水則有另一種看法，以後在講授寒熱命專論中，自會詳細介紹）。至於上局水旺，雖然格不成格，官星不透，丁壬相合，子未相害於年月，格局雜亂無章，惟以寒熱命論之，則格局清純亦只佔一分而已，反而夏天調候有力可以佔三分，而三分之局已經優於普通人了。再加上六十年金水大運，即使前三柱不論，專論亥子丑地也有三十年大運，可以再進一級，這樣距離小富已不遠矣。

第三章

七殺格

七殺格

月令七殺或年月時透干而得地，不宜重見，又需日主健旺，有食傷制殺或比劫合殺或羊刃駕殺；如煞旺身弱，得印化之成殺印相生，亦為貴格。

七殺格之太過與不及

七殺太過

日干強——七殺天透地藏復有強印，成殺生印、印生身，日主自旺其身，成五行閉塞之局。

日干弱——七殺天透地藏得時得勢，又不見食傷制伏，印來化殺。財多生殺，又不見比劫幫身奪財。

七殺不及

日干強，食傷重而無財通關滋殺，制殺太過，印星多，七殺洩氣過甚，又不見財破印生殺。

例子：

𠂎	日元	印	杀
庚	壬	辛	戊
戌	子	酉	戌
杀	刃	印	杀

大運

63	53	43	33	23	13	3
甲寅	乙卯	丙辰	丁巳	戊午	己未	庚申

一般初學八字或已有一定程度者在推斷這個八字時，都容易錯斷，因為此局七殺通根乘旺，而印星當令透出亦旺，加上日元自坐羊刃且生於秋季同旺，便成殺旺、印旺、身旺之局。論斷此局，殺印相生格局看似完整，但深究之下，卻發現局中無用可言——用殺則殺已旺，用印則印根本毋須幫扶，用日元則日元已強旺，毋須幫身，所以格局雖然完整，但因局中並無可用之神，故並非大格局。

如論其行運，則巳午未行財運，官已旺，毋須財來生助；至立秋氣寒，行火運有調候之功，加上是財運，主命造生活優游，但這實因得父蔭之助而已；後行丙辰運，父已歿，加上辰戌相沖，主漂泊他鄉，即使運行甲寅、乙卯，為最好之運，使局中土生金、金生水、水生木，流通其氣，但因局中強印所制，故此推斷成就不大。

其性格除殺、印、羊刃外，還有五行閉塞不通之象，故常以自我為中心，較難得人和。又五行閉塞或日元過旺者，女性婚姻皆難得美滿。

七殺格之成立

日干強——殺重，有食傷制殺。
殺弱，有財滋殺。

日干弱——財生旺殺，有羊刃合殺幫身助劫。
殺旺，有印綬化殺，滋生日元。

七殺格之破敗

日干強——殺弱印強而不得財生殺破印。
殺弱食傷旺，制殺太過而沒有財通關生殺或印制食傷護殺。
月令七殺逢刑沖。

日干弱——不足以敵殺，而復有強財生殺。
殺旺印弱而見財星壞印。
殺旺，食傷重，使日元剋洩交加。

七殺格之喜忌

七殺格，月令地支透出天干，均喜日元旺得印綬化殺生身，或干透食傷相制，或得羊刃合殺。

身殺兩停，即身旺殺亦旺，最宜食傷制殺。

日干稍弱，如沒有印、食傷、刃制合，則喜比劫幫身敵殺。

日干強、殺弱，喜財滋殺。

官殺混雜，喜去官留殺或去殺留官以清之，但不管去官或去殺，去一自然留一，不要太過執著於去官或去殺。

例子：

杀	官	日元	食
甲	乙	戊	庚
寅	亥	戌	申
杀	才	祿	食

天干官殺透出，通根乘旺，時上食神透出而有力，足以敵殺。故此，不管庚遙合乙而留殺或制殺留官，此乃「一將當關，群邪自伏」，只要食傷有力，即使滿盤官殺亦可制伏之。

例子：

杀	劫	日元	杀	官
庚	乙	甲	庚)	(辛
×	酉	寅		
	官	祿		

年干、時干透殺為重殺，透官則為官殺混雜，但因月干乙木比劫合殺，使格局轉為清純，獨用時上官殺。

例子：

殺	卩	日元	官
庚	壬	甲	辛
×	×	×	×

官殺同透為官殺混雜，有說月令為官則殺來混官，月令為殺則官來混殺，執著於此，實屬無稽。

地支不管官或殺皆為天干官殺之根基，酉為庚之羊刃辛之得祿，申則為辛之得祿庚之比劫。事實上，不管申酉，天干之官都賴以通根，而此局月令透印洩年之殺，獨用時上官星。

以上例子不勝枚舉，只要多看例子，自能融會貫通。

凡原局具有以上情勢，而再沒忌神破壞者，都可以入貴格；如運逢喜用，則必然發貴發富。

七殺格，凡月令七殺天透地藏者，均忌身弱，並忌財滋旺殺、正官混雜及地支刑沖不當。如原局沒有喜用神的干支解救，就是凶局，若不貧賤亦必招致官非、損傷、車禍，甚至死亡。

殺以攻身似非美物，然大貴之格多存七殺，蓋控制得宜，殺便能為我所用。就如大英雄、大豪傑皆似難以駕馭，惟倘能處之有力則能得驚天動地之功，忽然而就，此王侯將相所以多存七殺也。

例子：

卩	卩		日元	杀
辛	辛		癸	己
卯	卯	沖	酉	未
食	食		卩	杀

大運

庚	己	戊	丁	丙	乙	甲
寅	丑	子	亥	戌	酉	申

原論

殺重身輕，用食則身不夠強，不若用印，即使印不通根月令，亦為無情而有情，格亦許貴，但不大矣。

蘇論

此局雖月令食神，但格局變為棄食傷而用殺印。格局用神為殺者，需要用神為印，故所重者為印，因印能洩官殺、制食傷、生日元，最喜者運走亥子丑三十年水地，既能幫身，亦能起調候之作用。

雖然仲春氣候溫和，不急於調候，但仍以局中有水者為佳。

例子：

食	日元	杀	卩
丁	乙	辛	癸
亥	酉	酉	未
印	杀	杀	才

大運

庚	己	戊	丁	丙	乙	甲
申	未	午	巳	辰	卯	寅

原論

煞旺食強而身健極為貴格。

蘇論

此局合上文提及的「乙木雖柔，刲羊解牛，懷丁抱丙，跨鳳乘猴」之局。

上局乙木生於酉月，天干七殺通出而通根乘旺，乙木雖弱但得癸水通根生扶，又陰干不怕衰不怕旺，此乃陰干之特性，故可用時上丁火食神制殺。惟食神通根於年支，遙遠無力，故此局雖然入格，但並非大貴之格。

此命走六十年木火之地，助旺食神，使其能制殺為用，又殺格者最好命中見印，即使不以為用，亦能起逢凶化吉的作用。

例子：

	年	月	日	時
十神	財	才	日元	食
天干	壬	癸	己	辛
地支	午	卯	巳	巳
藏	E	殺	印	印

大運

甲辰　乙巳　丙午　丁未　戊申

原論

殺用食制不要露財印，因財能轉食生殺，印能去食護殺，然財先食後，財生殺而食制之。

蘇論

此局月令七殺，但其用在食，因月令七殺不透，無用可言。

行運在第一、二柱透出亦不能為用，而論命最重要者非月令為甚麼格，而是何種用神透出——身旺者透殺用殺，透食用食；食殺俱透者取食神制殺；身弱者透印用印，透劫用劫，不會因月令為何神而用之。

所以，此局雖月令為七殺，但透出者為食神與財，格局已變為食傷生財，亦可稱之為七殺格而用食神生財，大運至申酉以後從商會略有成就。

例子：

食	日元		卩		杀
戊	丙		甲		壬
戌	戌	沖	辰	刑	辰
食	食		食		食

大運

庚戌	己酉	戊申	丁未	丙午	乙巳

原論

食神太旺而印制之，若殺強食淺而印露制食則破格。

蘇論

此局年干七殺透出通根於辰，惟辰戌相沖，辰辰自刑，殺之根盡毀而極弱無力。雖然如此，但丙火見壬水為壬丙相輝，依然可以取貴。再者三月丙火，甲木透出亦為月令透貴，所以格局雖差但仍能取貴。

此局為殺印相生，行運最喜見財，大運申酉，必能權中取利或名中取利，而此等格局最適宜任公職或於大機構作主管。

唯命中土土相沖相刑，身體暗病必多，非長壽之格，特別容易出問題者為腸胃，乃胃癌、腸癌之局。戌運凶。

例子：

才		殺	日元		印
丙		戊	壬		辛
寅	午	戌	戌	刑	丑
食		殺	殺		官

大運

己	庚	辛	壬	癸	甲
亥	子	丑	寅	卯	辰

原論

七殺用印，印能護殺，本非取宜（印制食護殺），而殺印有情，亦為貴格。

蘇論

壬水日元生於戌月七殺當令，天干透出通根乘旺，雖有年支食神，但殺重身輕，無用食神之理。正所謂「殺重身輕而化殺」，最喜者時干辛金透出洩殺生日元。

此局天干透財而生殺不壞印，原論用食神皆因運行木地，理應環境不差，但這並非格局用食神所致，而是寒熱命中生於秋冬之命必以木火為用，故行木運為佳運，古人不識而用食傷制殺矣。

例子：

傷	印	日元	財
戊	甲	丁	庚
戌	子	未	戌
傷	殺	食	傷

（刑）

大運

乙丑　丙寅　丁卯　戊辰　己巳　庚午　辛未

原論

七殺用財，財以黨殺本非所喜，而或食被印制，不能伏殺，而用財以去印，則食不受制而能制殺。

蘇論

此局無制殺之理，因殺雖當令，然局中食傷重重，制殺太過，而財星遠隔，根本助不了殺。

觀乎此局，其重點主要為甲木，又此甲木與前局用法相同，旋乾轉坤，全憑此印。再加上天干庚甲丁同透，而庚甲不相礙，已入貴格，配合六十年木火之地，必有一番作為。

七殺用刃，日干弱而財滋旺殺，無食制或印化，或有食傷而財重，均可用羊刃幫身劫財，如此則殺反為我用而顯貴。

煞無食制，至恃身強以敵殺，身強必是用刃也。然刃輕殺重者，仍宜制殺之運，但如原局無食，則印運亦佳。

例子：

時	日	月	年
比	日元	杀	比
戊午	戊寅	甲寅	戊辰
印	杀	杀	祿

大運

乙卯	丙辰	丁巳	戊午	己未	庚申

原論

殺旺身強而無食制，專以印為用。

蘇論

殺重身輕必以印化殺為用，如用傳統算命之法，必判斷用火，惟用寒熱命論，則喜以木生火，所以木運亦屬佳運。

七殺格行運得失

日干強——原有制伏，如制神強於殺神，行運再遇制合（以食制殺或刃合殺），則難以發貴，有志難伸。

原有制伏，如制神弱於殺神，行運再遇制神之鄉者可以發貴，惟再行官殺之鄉，則是非連連。

殺淺，行財殺運以生扶殺神，可以發貴發富，忌再行印比之運。

殺淺、食重，宜行財運洩食生殺通關調和，如七殺食神力量相等，則宜行印運化殺生身制食為妥。

蘇註

日元旺——日元旺、食神旺、殺亦旺，有時為無用之局，皆因行印、比、食、財、殺皆無助於格局。

官殺重，取食傷為用，以食傷之運為得，官印之運為失。

印多，取財為用，逢傷財運為得，官印比劫運為失。

比劫多，取殺制劫為用，逢財殺運為得，印比之運為失。

日干弱——殺旺，行運遇印鄉必貴；遇財殺旺地，則立刻生災惹禍或貧賤不堪。

殺旺，而原局有制化，則歲運遇財殺旺地亦無大災禍；惟原局如無制化，則行運再遇財殺旺地，必有生命之厄。

殺旺，用印綬化殺生身，最忌行運見財星壞印，得印綬比劫幫身為佳，行財官運為失。

食傷多，取印制傷護殺為用，逢印運為得，食傷運為失。

財多，取比劫為用，逢印比之運為得，傷財之運為失。

七殺格，原局官殺混雜

日干弱，行運得劫刃合殺，或日干強，行運得食傷制殺，皆主發貴。

若得比肩合官，傷官制官，去官留殺，亦可以發貴。

若原局官殺混雜而去留得宜而轉清，但行運遇制合取其取清之物，則不是掉官失職，就必貧疾交纏。

專論官殺混雜及其去留行運

首先，我們要知道何謂官殺混雜。

如天干甲丙戊庚壬為殺，地支遇卯午丑未酉子，此乃天干通根於地支羊刃旺地，非官殺混雜。

天干乙丁己辛癸為官，地支見寅巳辰戌申亥，乃天干七殺通根於地支比劫，亦非官殺混雜。

又如干見甲丙戊庚壬，支見寅卯、巳午、辰戌、丑未、申酉、亥子，此乃甲既通根於寅，亦通根於卯，顯示七殺強而有力，並非官殺混雜。

又有說天干見庚為殺，辛為官而地支見申為官來混殺，支見酉為殺來混官，其實地支申酉乃天干庚辛之根，無殺來混官或官來混殺之分。總之天干透官殺不論通根於祿刃或有財來相生，凡是官殺同透即為混雜。

官殺混雜之宜忌

官殺通根乘旺，復有財來相生，一生官非是非必然比常人多，如再遇官殺大運或流年，則容易官司重重。然身旺如行運見食傷制官殺或身弱行印運洩官殺則為佳運。官殺同透，聚於年月，這種官殺混雜影響最少，如官殺弱可判斷為殺來助官或官來助殺。

例子：

	日元	官	殺
×	甲	辛	庚
×	×	×	×

官殺在年月，官殺弱為官來助殺或殺來助官，互相扶持反為有力。

觀乎此局，即使官殺皆旺，但因官殺聚於年月，氣力集中，所以這種混雜最不為忌。天干透乙木比劫，為比劫合殺而留官，行食神為食神合官而留殺，行傷官制伏，則不論留官或留殺，只要能使格局歸於純粹即可。如行印運，即可洩官殺、生日元，亦可使格局轉清而地位得以提升。

例子：

合殺留官

時	日	月		年
官	日元	劫		杀
乙	戊	己	合	甲
卯	辰	巳		辰
官	祿	印		祿

大運

庚	辛	壬	癸	甲	乙
午	未	申	酉	戌	亥

原論

戊土生於巳月，日主未嘗不旺，然地支兩辰一卯，木之氣亦足，喜其合殺留官。又官星坐祿，更如運途生化不悖，早發雲路。

蘇論

此局官殺混雜因去留得宜，使格局得以歸於純粹。然格局在八字中只佔一分，所以即使格局純粹，這個官印相生之局，在現代亦只能當一個主管級的人員罷了。其實這個八字除了去殺留官，最重要者為辰中暗藏水，而且大運行六十年金水，當然漸入佳景。如以原論去判斷，行壬申運為佳運，行癸酉運應為逆運矣，因酉運沖時上之卯，令官殺之根基動搖，應會掉官失職。由於古代論命，最重財官，不知食傷生財，故此造仍可富中取貴。且現代社會，尤其是文明社會，食傷生財之局往往比財官或官印相生為佳。

例子：

合殺留官

官	日元	殺		劫
己	壬	戊	合	癸
酉	午	午		亥
印	財	財		祿

大運

辛亥	壬子	癸丑	甲寅	乙卯	丙辰	丁巳

原論

此造旺殺逢財，喜其合也，如在癸水臨旺，合而不化。戊土不抗壬水，如合則火無情，仍去生土，由此以推運至東方木地，早年得志；運轉北方水地，去財護印，平步青雲。

蘇論

此局財旺生官殺，天干官殺同透為混雜，尤其癸合戊成合殺留官。其實不論癸是否通根於亥，都能合殺，又合殺者不用論合者強弱，皆能起互相牽制的作用。但因一般看法以為戊癸合而地支火旺會化為火（其實早已知道合是不會化的），所以不管癸是否通根有力，皆能合殺。又此局財官旺，日元不弱應為上格，但其重者不在財官，而在印劫，因三夏調候為急，其他皆緩矣，所以早段甲寅、乙卯根本無用。如以格局論則制無官星，根本無益；以調候論則木火旺更加為忌，所以必待運行亥子丑水地，方有佳績。

例子：

合殺留官

傷	杀	日元	官
壬	丁	辛	丙
寅	未	酉	申
財	卩	祿	劫

大運

戊申　己酉　庚戌　辛亥　壬子　癸丑

此局辛金日元，天干丙丁同透為混雜，還幸年干透傷官合殺，獨用時上官星，格局轉為清純。日元與官星同旺，加上運走西北金水之地，能起調候之功，故必有一番作為。

例子：

合官留殺

食		官	日元	杀
戊	合	癸	丙	壬
申		亥	午	辰
才		杀	刃	食

大運

甲子　乙丑　丙寅　丁卯　戊辰　己巳　庚午

原論

此造日主雖坐旺刃，然生於亥月，究竟休囚。五行無木，壬癸並透，支逢生旺，冬立門戶，喜其合去癸水，不致混也，更好運走東南木火，一生順遂。

蘇論

丙生亥水，天干官殺並透，還幸月干癸水合官，獨用時上七殺。雖然日元通根於午，猶嫌不足，但丙火不畏壬水，獨畏戊土，且壬丙相輝為日照湖海，貴格以成。再加上運走東南木火之地，既可暖局，亦可旺身，必有一番作為矣。

例子：

合官留殺

時		日	月	年
杀		日元	官	食
壬		丙	癸	戊
辰	沖	戌	亥	午
食		食	杀	刃

大運

甲子　乙丑　丙寅　丁卯　戊辰　己巳　庚午

原論

丙戌日元，生於亥月辰時，辰戌沖沖去庫根，壬癸並透，喜其戊合，去官留殺，更喜年逢刃助，火虛有燄，更妙無金，運走東南。

蘇論

此局雖與上局格局相同，同為合官留殺，但級數差多矣——

此局丙火通根於年，其力與自坐午火相差遠矣。加上日時支辰戌相沖，戌之火無全，又辰戌皆閒神矣。

戊癸相合已經兩失其用，辰戌相沖又變為閒神，八個字中僅四字可用，即使運走東南，成就亦不會太大，皆因局中可用之字太少，既無情，又無力。

例子：

官殺混雜

時		日	月	年
官		日元	殺	殺
癸		丙	壬	壬
巳	刑	寅	子	辰
祿		E	官	食

大運

癸丑　甲寅　乙卯　丙辰　丁巳　戊午　己未

原論

　　此造壬水當權，煞官重疊，最喜日坐長生。寅能納水，化殺生身，時歸祿旺，足以敵官擋殺，更妙無金，印星得用，殺勢雖強，不足畏也，更如中運走南方去官殺之混矣。

蘇論

　　此局原論正確，惟論行運則差矣，因官殺混雜之局，除了食傷可以制官殺之外，印可以化官殺，比劫亦能擋官敵殺。

　　所以，此局大運先行甲乙，可以化官殺去其混雜，再行丙可以敵殺，又丁可以合殺，戊土可以合官留殺，己則可以制官留殺，因此除運走東南木火之地配合得宜外，天干亦功不可沒。

例子：

官殺混雜

殺	日元		殺	官
丁	己		乙	甲
卯	巳	沖	亥	子
殺	印		財	才

大運

癸	壬	辛	庚	己	戊	丁	丙
未	午	巳	辰	卯	寅	丑	子

原論

此造官遇長生，煞逢祿旺，巳亥雖沖破印，喜木仍能生火。到寅運合亥，化木生印有情，鵬程直上，庚辰辛巳制官化殺，名利兩優。

蘇論

此局官殺位於年月，雖然混雜但因力在一方，故並不嚴重。加上此局其重在印，逢印則看殺，故官殺再旺，只是用來生印而已。此局最壞者為巳亥相沖，一來官殺之局忌財印相沖，因代表下屬明爭暗鬥，二來此局重點在印，財來破印則減弱了印的力量，使格局降格了。大運寅與亥合是不會化木的，合是合，化是化，在《八字入門捉用神》已詳論不管三會六合，皆不會失去原來的五行之性。因此，寅亥雖合，但水還是水，木還是木，只是亥合能減弱巳亥沖之力，令格局頓時提升而已，卯運亦然。庚辰天干雖去其混雜，但地支子辰合水，亥又變回與巳相沖，減弱日元之力，主身體容易出現疾病或遇上意外損傷。辛巳運天干制官殺，地支雖然相沖，但能助旺日元，則壬午、癸運縱然運行火地，但天干財生官殺，仍會使格局再次變為混雜，有地位下降之趨勢。

例子：

印	日元	杀		官
己	辛	丁		丙
丑	丑	酉	破	午
印	印	祿		杀

大運

癸	壬	辛	庚	己	戊
卯	寅	丑	子	亥	戌

原論

此造年月官殺齊透，但金生酉月，酉丑會金且印透出，身旺者喜殺官之剋。至辛丑運，合官留殺，地位提升；到壬寅、癸卯，則去殺留官，支逢財生，富貴齊來。

蘇論

此局日元旺、官殺弱，當然以殺來助官或官來助殺。格中官殺聚於年月，互相扶持，雖通根祿旺，但始終力弱，最喜者天干行制化官煞而運，地支行助旺官殺之運，因天干去官殺混雜能使其清純。地支助旺官殺，能增其制日元之力，所以壬寅癸卯，天干去其混雜，地支則財生殺旺而成最好之配合。

第四章

食神格

食神格

月令之食神天干透出，餘位不宜再見，又需日元健旺洩秀或身弱而佩印。

食神格之太過與不及

食神太過

日干強——七殺淺，食神重，或制殺太過而無財星生發和解，均是太過的現象（其實日干強、食神重之局可以以食神洩秀為用而不用官殺，因用之官殺不可傷，不用官殺盡可傷）。

日干弱——食神天透地藏復多見傷官而沒有印星。

食神不及

日干弱——印星天透地藏而四柱又多見，使食神受制太重。

日干強——印多，食傷受制而又不見財星。

食神格之成立

日干強——食神旺而見財星流通其氣。

殺亦強，以月令食神制殺為用而不見財星。

日干弱——食神洩氣太過，能見印制食傷生身。

食神格之破敗

日干強——食神輕而見偏印制食。

日干弱——見財星而又露七殺。

月令地支逢刑沖又不得會合和解。

食神格之喜忌

日干強——食神格最喜日主及食神俱生旺，見財星或遇財運必然發富，即使遇殺也可以食神相制，使其不致攻身。

比劫多，以食神吐秀生財為用，最喜見財星通根得地，最忌見偏印制食神轉而生日元。

食神格，印多，喜見財制印以護食神，忌見比劫剋制財星。

比劫多，食神無力，喜見七殺制比劫而棄食神轉用殺印或財滋弱殺。

財亦強，食神弱而不能洩日元生財，可以以官殺制比劫以護財星。

日干弱——食神格最忌日干弱，食神生財洩氣過重，身主太弱，不能享用。

食神格，食傷洩氣過重，最喜見印綬生身並制食傷，見官殺有印轉化則不忌，最忌見財星來壞印。

多見官殺，則日元不勝其剋洩交加，最喜印綬洩官殺、制食神、生日元，一舉三得。

財多，喜比劫幫助，忌見官殺剋制比劫。

食神格因係月令旺神取用，故略見一二即可論旺，再見財星流通即為佳造。如見傷官再來混雜，則應設法剋去或合去方能使格局轉清而純粹，故月令見食神多或傷食並見，其力大於日干者，均喜印綬制之。

又因調候之所急，故金水食神喜見官（火），木火食神喜見印（水），而水木食神則喜財（只限水生一月，餘寒未盡之時）。

食神格行運得失

日干強——比劫多，取食神吐秀生財為用，真神得用，行運見食神財星，可以發福發富。然見偏印奪食生身，則代表所經營之事業會受掣肘，即使不倒閉也會虧損連連。

印星多，取財星制印洩食為用，行運遇見食神財星也可發富發福，若行運見比劫剋制財星，必受朋友所累而破財。

食神力弱，行偏印運制食生身，日主旺極無依，必生災禍而衣食不周。

原局無財星生發，行運不見財星，雖勞苦亦不易發財，然一遇財運則勃然而起，多財多金。若運途一轉而遇偏印奪食，則運程必然逆轉，以致名譽頓失，繼而倒閉破產。

財重食輕，喜行食神運流通其氣。

原局有印綬但食神過旺，印綬生身有餘而制食之力不足，再行印運則可能五行閉塞不通，最喜行財運流通其氣。

原局帶印而食神不旺，又天干並透以財星壞印為用神，行食神財運為佳，最忌行官殺運洩財生印以制食，行印運亦忌。

食神太重而殺輕，行財運洩食傷生殺亦佳。

日干弱——食神多或傷官混雜取印星制食傷為用，行運喜見印星生扶，可發福發貴；如見官傷或財運破印，則必然貧困或疾病，甚至死亡。

原局殺印並透，不能順用食神，這樣亦可棄食神而用殺印，行運最怕財星生殺破印。

日干不太弱——殺多，原局無印轉，權取食神制殺為用，行運再遇官殺則官司連連，行印運則可以棄食神而用殺印，以印來化官殺生日元、制食神，一舉三得。

原局無印綬——食神格，日干弱，帶七殺，運行印綬化殺生身；日干強，喜行食傷運制七殺，最忌財生殺洩食傷，壞印綬，這樣必然官司連連，因貪致禍以至名譽受損。

食神格，食神制殺太過，日元弱，行印運制食傷化殺生身，一舉數得，最為理想。

例子：

食	日元	才	劫
庚	戊	壬	己
申	子	申	未
食	財	食	劫

大運

辛未　庚午　己巳　戊辰　丁卯　丙寅

原論

土寄四隅，申亦土之長生也，年逢己未，日元弱而不弱，時上庚申，食神專祿，壬水生於申，子申合局，為身強財官並旺。

庚金透露，己巳、戊辰幫身運佳，印運亦吉。

蘇論

此局為財多身弱用印劫，然局中印劫皆無力不能任財，還幸地支行寅卯辰巳午未木火旺地既能幫身，亦可調候，此所謂命好不如運佳矣。

例子：

食	日元	殺	食
戊	丙	壬	戊
戌	子	戌	戌
食	官	食	食

大運

癸	甲	乙	丙	丁	戊	己
亥	子	丑	寅	卯	辰	巳

原論

此食神制殺太過也，甲乙印運為美，癸亥子丑官殺運反吉，丙寅丁卯劫印幫身則最為美運。蓋丙為太陽之火，水猖顯節，故不畏壬水也，惟土眾成慈，遇土反晦也。

蘇論

此局亦以寒熱平命去推斷較為妥貼，其實寒熱平命是有兩種平命的——春天平命要水不忌火，秋天平命則要火不忌水，又此局正是秋天平命：亥子丑三十年年少年水運，平平穩穩，無吉無凶，亦無建樹。丙寅丁卯，不論以古法論命，抑或以寒熱命論推之，皆為吉運，因在寒熱命中，凡生於秋季者皆以木火為用，此乃定局；而古法算命則定此局為剋洩交加，日元處於弱勢，最喜者為印，既可洩七殺，又可生日元制食傷，正好一舉三得。

例子：

財	食	日元		卩
己	丙	甲		壬
亥	寅	寅	沖	申
卩	祿	祿		杀

大運 乙丑　甲子　癸亥　壬戌　辛酉　庚辛

原論

甲木生寅月透丙，本有木火通明之象，時上梟神奪食，透己土財以解之，惜病重藥輕，運喜財旺，食傷亦吉，印與官殺切忌。

此造惜運行西北官殺印綬之鄉，否則前程未可限量也。

蘇論

此局木生寅月，不論用寒熱命論或古法論斷，皆以丙火為用。

此局月干丙火透出通根月令為真神得用，時干壬水雖透，但中隔甲木，成水生木、木生火，故壬不剋丙。最壞者為支申沖寅，日去寅中木火皆傷，不能助丙，且寅申一沖，減弱了格局之力量。然丙火始終通根月令，只要能把握壬戌十年大運，必有一番作為。

例子：

才	比	日元	傷
丁	癸	癸	甲
亥	卯	卯	寅
劫	食	食	傷

大運

壬	辛	庚	己	戊	丁	丙
寅	丑	子	亥	戌	酉	申

原論

癸水雖通根於亥，而亥卯合木，日時寅卯而透甲，食傷旺而生財，為身輕洩氣太重。

此造以運行印綬之鄉為最美，比劫幫身亦佳，但宜支而不宜干，見壬則合去丁財，見癸亦不免爭財之嫌，至亥子丑北方劫地，則甚差也。

蘇論

此局以古法算命必判斷為從兒格，又從兒格之法則為「一出門來只見兒，吾兒成氣構門閭，從兒不管身強弱，只要吾兒又遇兒」，意思是局中月令食傷當令乘旺，地支有三支以上，天干亦透食傷。

又透財者富，不透財者貴而不富，因是從食傷的關係，所以日元比劫即使通根，也轉而去生食傷。

但其實很久之前已經知道沒有從兒格，因剛好我有一個朋友是從兒格，而且是真從，但她只是一個普通人，老公是導遊，自己則是普通的家庭主婦，而生活也只屬一般。

寒熱平命推算法

事實上，以上格局如不用寒熱平命的方法，是無法正確地推算的。

此局癸水日元生於仲春二月，為平穩之命，因仲春二月，氣候溫和，木火土金水皆可為用，然金水較佳。

此局大運行申酉戌亥子丑，只有戌運較差，而丑運則可作水看，故依然有利。

然平命高低起伏較常人為少，故即使戌運逆轉，只要不進攻便沒有問題了。

例子：

	年	月	日	時
	食	印	日元	食
天干	丙	癸	甲	丙
地支	午	巳	子	寅
	傷	食	印	祿

大運

甲午	乙未	丙申	丁酉	戊戌	己亥	庚子

原論

木火傷官用印，亦調候之意，印輕則專用印劫，如此造癸印得祿，氣象中和，故丙申丁酉皆美運，惟至戊戌財運破印，恐不能免也。

蘇論

此局木火傷官，食傷通根強旺，必以印為用，即使見比劫亦無所用，因見木轉而生火，火旺木焚，同成灰燼，故只能以印為用。

所謂逢印看殺，用金非取以剋木，用之生水而已，因三夏水涸無源，其用不顯，故大運申酉之金能生水，水制火而護金，必為佳運。戊戌、寅午戌三合火局，水燒乾矣，運程或身體必有一劫。

第五章

傷官格

傷官格

月令傷官天干透出，餘位不宜再見，身弱喜其佩印，謂之傷官佩印，身旺喜其見財，謂之傷官生財。

傷官格之太過與不及

傷官太過

日干強——殺淺，傷官制殺太過，又無財星轉化。

日干弱——傷官天透地藏，得時得地得勢而無強印生身。傷官天透地藏，財多又無比劫分奪財星。

傷官不及

日干強——殺旺，見財星洩傷生殺。

日干衰——傷官助寡而復見強印制傷太過。

傷官格之成立

日干強——有財星引發而使氣勢流通。

殺重，傷官透出而無印制及財洩傷生殺。

金水傷官，見官星（火）調候。

日干弱——傷官旺，見印且有七殺生之。

傷官格之破敗

日干強——傷官輕而印重。

以財為用，但又見強殺，成食傷生財、財生殺、殺攻身。

日干弱——無印星而見官星。

財多。

月令地支遇刑沖。

傷官格之喜忌

主要看日元與傷官的強弱如何，而取用神一般為：日干強取財為用，日干衰取印為用。

日干強——無財官只取傷官為用，喜見財星洩通其氣，忌見印制傷官。比劫多，財星衰，傷官輕，喜見官星，以財生官制比護傷，忌見印星洩官生日元制傷官。

日干弱——印星多，取財為用，喜見傷官，忌見官印。取印星為用，喜見官星生印，忌見財來壞印。無印而取比劫幫身為用，喜見劫印，忌見財官。

傷官格行運得失

日干強——取財為用，行食傷財運可以發財發富，但如大運年逢官運乘旺，盜洩財星之氣，則易因財而招惹是非；遇劫刃運奪財則主破財；遇七殺運攻身就易惹官非損傷及易受小人所累。財官均無，印不可用，又不見財星洩秀，行運亦不見財星，復行比劫食傷，這樣成五行閉塞不通，必主孤獨刑剋，六親無緣，甚至為僧道、修女、藝術家。若見印運剋制食傷，必為厄運，不死亦主貧賤。比劫多、財星衰、傷官輕，取官星為用，格局轉成棄傷官而用官星，行運最喜見財，忌見傷官、印綬，比劫亦差。

傷重殺輕，但殺亦通根，不能不用，行運最喜見財洩傷生殺。

日干弱——取印為用，喜行印比之運生扶日干，官運有印轉化不忌，最忌者為財破印，為貪財壞印，必因財惹禍，男命財色招災，次忌者行食傷。

除調候或有印通關外，均忌見官星。取比劫為用，行運見官殺為剋洩交加，日元不勝負荷，必有災禍。

如原局已見官殺，行制合官殺之運亦可發福，惟運過則日後到本來地位。

傷官重，無印制伏，行運再遇食傷，不貧困亦恐精神出現錯亂。

無印綬，取比劫為用，行運最喜見印劫，最忌者為官殺，財則次之。

傷官旺而又見七殺，行運最喜見印洩七殺、生日元、制傷官，一舉三得。

日干不弱——七殺通根亦不弱，行食傷運制殺或印化殺均可，然運程一般而已，不會有大突破。行比劫運亦平平，財洩傷生殺通關亦可，原因是原局日干不弱，傷官有力，七殺亦有力，並無可取的用神，可謂無用可言。

例子：

傷	食	日元	財
丁	丙	甲	己
卯	午	申	巳
刃	傷	杀	食

大運

丁	戊	己	庚	辛	壬	癸
未	申	酉	戌	亥	子	丑

此局甲木生於午月傷官當令，日元雖通根於午，唯局中剋洩交加，日元不勝負荷，且局中食傷雜亂且為忌神，恐情緒問題較為嚴重，甚至精神錯亂。

還幸運走西北金水之地，唯戌運會火，恐凶禍難免。

例子：

	才	劫	日元	食
天干	壬	己	戊	庚
地支	午	酉	午	申
	印	傷	印	食

大運

庚	辛	壬	癸	甲	乙
戌	亥	子	丑	寅	卯

原論

傷官月令而逢庚申時，日元坐印，己土透出，亦可作刃論，故日元傷官並旺。而壬水之財，雖生於申，然隔離太遠。運喜食傷財地，辛亥、壬子、癸丑三十年，引出財貴，正符合「身強財淺，運喜財地，傷官亦宜」之說。

蘇論

此局以古法論之，傷官當令，時柱庚申，食傷旺極，日元通根於午，年支亦為午，天干己土透出，日元亦不弱，又日元不弱而食傷有力，當以財來洩食傷。

但其實這格局必要以寒熱命論之，因戊土生於三秋，氣寒而不寒，雖然以火為用、以木生火，然金水亦可行，只不過運程平穩，無突破矣。幸此局水為財，得亥子丑三十年財運，而行財運時即使為忌，也可以有財到手，唯會財來財去，聚不到財而已。

例子：

財	才	日元	印
甲	乙	辛	戊
子	亥	未	子
食	傷	E	食

大運

丙	丁	戊	己	庚	辛	壬	癸
子	丑	寅	卯	辰	巳	午	未

原論

金水傷官，本喜見官，而此造生於小陽春時節，未中藏火，不慮寒冷。亥未拱合，透出乙木，傷官化為財矣，又得年時兩子，故仍是食生生財之局，只是日元太弱而已。運喜印比幫身，庚辰辛十五年，最為美境；戊寅、己卯二十年，雖印蓋頭，究嫌財旺身弱。再者金水之局，本喜火暖，原局不見官星，運行東南陽暖之地，和煦之氣，可以補助其不足，所以看命、大運，必須參合研究。

蘇論

以上論斷，一派胡言，生於十月必然水旺氣寒，若然小陽春時節不怕氣寒，到氣進二陽之時又說陽氣漸壯，那豈非代表整個冬天都不怕寒冷？所以以後看書見到「氣進一陽」、「氣進二陽」實不需理會。又此局即使亥未拱卯，天干透乙，亦不可能作亥卯未看，其論斷實非常牽強。其實此局不論以古法論命或寒熱命去論斷，皆以金水傷官，以調候為急，用火明矣。而調候不獨用火，木也可以，蓋金水為陰，木火為陽，陽重用陰，陰重用陽，此乃必然之理。

寒熱平命推算法

此局金水日元，生於三冬水旺氣寒之時，必宜以火為用，然後以木生火。惟此局只未中藏火，有等於無，雖然不是完全無火，但因年月時支皆水旺之地，故此局仍可以「清寒命」去判斷。「清」者，古代為秀才命，雖不至狀元，但總算有功名。及至現代，秀才命則多從事專業、公職或在大機構任職。至於「寒」，主內心冰冷，缺乏安全感。事實上，清寒命即使一生行金水大運亦不會太差，生活會在一般水平以上；如行木火大運，一生更必有不錯的表現，所以上局從寅運開始一直走至未運，當中只有庚辰十年是要退守的。但六十年大運中的十年衰運，只要在那十年裏穩守，是有機會安然度過的。而最穩當的辦法，就是在庚辰運頭五年，將步伐放慢或把生意賣給別人。

例子：

	才	劫	日元	印
	壬	己	戊	丁
	戌	酉	午	巳
	祿	傷	印	E

大運	庚戌	辛亥	壬子	癸丑	甲寅	乙卯	丙辰

原論

印旺用財，喜得丁壬不合，用財損印，運行辛亥、壬子、癸丑，財地最差，甲寅、乙卯官殺之地不佳，蓋官煞洩財生印也。

蘇論

如以古法推論，只可以用以上辨法論斷，但答案其實是錯的，這正好說明了為甚麼我在未發明寒熱命時，有時想盡辦法都找不到過程當中到底錯在甚麼地方。

專論傷官見官

書云：「傷官見官最難辨，官有可見不可見」，又命書中有「傷官見官，為禍百般」之說。

但無論傷官見官也好，官見傷官也好，其實並沒有古書中說得那麼嚴重，反而「官殺混雜」、「沖殺」、「沖刃」嚴重得多——輕則損傷撞車，重則官非禍事，而傷官見官很多時只是改變用神而已，又傷官見官要注意的重點如下：

日干旺——傷官亦旺，見財可以見官，為傷官生財財生官，但即使不見財亦無大礙，因「用之官星不可傷，不用官星盡可傷」。既然不以官為用，則傷之又何妨？

傷官無力，無印可以見官，為棄傷官而用官。

日干弱——傷官旺，有印可以見官，因官生印，印生日主，可以制伏傷官。如無印，見官，因日元剋洩交加，不勝負荷，即使不犯官非，也容易出現身體問題。

其實傷官格與別的格局根本沒有分別，只是古時論命以官為主，又有「無官則不貴」、「官星不可損傷」之說，加上傷官與官因係同性相剋，所以情況會更為明顯。但不論傷官格見官星或官格見傷官，最重要的是日元健旺，這樣可以官來用官（掌權、從政），而傷官來則用傷官（轉而從商或做幕後），並不會因官遇傷官或傷官遇官而走投無路。事實上，唯有日元身弱無印，則不論傷官遇官或官遇傷官皆為禍害。

又古書有云：「火土傷官宜傷盡，金水傷官喜見官，木火傷官官要旺，土金官去反成官，唯有木火傷官格，財官兩見始為歡」，現詳細分述如下——

「火土傷官宜傷盡」：主要是說火生於土旺月，滿局食傷可變為從兒格（從土）。不過，這說法實有些牽強，因為即使算命真的有從兒格，但火生土月也不一定要從兒格才算是好格局。火土傷官是火生在三、六、九、十二月，而四個月都有不同的看法，無以論之，所以才寫「火土傷官宜傷盡」而已。

「金水傷官喜見官」：金生冬月，水旺氣寒，必以調候為急，其他緩而待用，故金生冬月，最需要者為火。如無火，則食傷生財，寒水凍木，無用可言；又食傷配印，為冰結池塘亦無所用，必以火溶冰暖水，萬物才有生長之象，所以金水傷官，最需要見者為火官。

「土金官去反成官」：土生秋月，土氣盡洩於金，見木官不能剋土，且亦為強金所制，見之無用，唯土金傷官用印，見木可以生火能起扶助之用。

「**水木傷官喜財官**」：水生春月，初春之時，餘寒猶全，必賴火來暖局。如局中水旺，其實宜以木來洩水，故官星並無用處。而仲春季春，陽氣漸壯，並無調候之急。惟水溫木暖之局，有財來洩食傷之氣，亦不失為佳局。

「**木火傷官官要旺**」：木生夏月，無用金之理，且三夏火旺金溶，亦無所用。惟三夏之木，必賴水生木制火，但三夏火旺，無源之水易涸，必取金來生水，水制火而護金，金水交互相用。

例子：

時	日	月	年
官	日元	官	卩
己	壬	己	庚
酉	申	卯	午
印	卩	傷	財

大運

庚	辛	壬	癸	甲	乙
辰	巳	午	未	申	酉

原論

壬水生於卯月，水木傷官，喜其官印通根。年支逢財，傷官有制有化，日元生旺，是以用官。巳運，官星臨旺，地位即時而起。至壬午、癸未，南方火地，獨據一方；行甲申、乙酉，金得地，木臨強金之地，雖然退隱，但仍自得其樂。

蘇論

以上水木傷官喜見財官之例，可謂非常牽強，因此造重點在於日元不弱，如日元弱再見官星為剋洩交加，根本無用可言。如以格局論斷，則用傷不宜透官，用官又不宜透傷，而此局傷官格透官，亦非棄傷官而用官印，因日元已旺，故毋須幫扶。此局天干透官印，但官弱印旺，官星無力，唯有靠年支午中丁巳助官。此造兜兜轉轉，並非佳局。但以寒熱命論，則仲春二月平命喜金水，原局金水有力，但行運仍以金水為佳，故庚辰，土金帶水，巳午未，三十年為財運，為財來財去之運。至申、酉，行二十年貴人舒服懶之好運，故晚境優游。

例子：

時	日	月	年
官	日元	傷	官
癸	丙	己	癸
巳	午	未	酉
祿	刃	傷	財

大運

戊午　丁巳　丙辰　乙卯　甲寅　癸丑

原論

丙午日元，支類南方，未土秉令，己土透出，火土傷官，藏財受劫，無官則財無存，無財則官亦無根，況火炎土燥，官星並透，官星為用，運至火土，破耗刑喪。

乙卯、甲寅運，雖能生火，究竟制傷衛官，大獲財利，地位提升；癸丑、壬子，功名可奪。

蘇論

前文已說「火土傷官宜傷盡」並無道理可言，故不需理會。

此局丙火日元，生於未月之時，地支巳午未會火方，日元極旺，旺者宜剋宜洩，剋之者水，洩之者土，但三夏必以水為先，然水雖通根於酉，但究竟力弱；月干己土透出，為傷官見官為破格，運至甲乙，制傷護官而得以格成。癸丑、壬子、辛亥，官殺運助旺局中弱官，地位必然更盛。

例子：

E	日元	E	財
戊寅	庚寅	戊子	乙卯
才	才	傷	財

大運

丁亥　丙戌　乙酉　甲申　癸未　壬午　辛巳

原論

此造取寅中甲丙，金水傷官在冬令，必取丙火，幾如定律，惟不可太旺，否則喧賓奪主矣。

且用神喜其透干而清，為金水傷官，藏支亦美，而此造日時兩寅為官殺之長生，得行運引出，自然富貴，所謂「吉神暗藏，金溫水暖」也。

蘇論

上造金水傷官喜見官，非以官為用，取調候矣，透不透是格局問題，與調候無關。

此造日時兩寅，所謂「火熾騎龍，水蕩騎虎」，寅為丙戌長生，甲木得祿，且寅能納水，故有時比午火還佳。

此造日時為木火，三十五歲後開始漸入佳境，地支巳午未行南方火運，必有一番作為。

第六章

財格

財格

月令財星而不透比劫，或透比劫有食傷轉化，或官殺制比劫。

財星之太過與不及

財星太過

日干強——財星亦強，天干復透七殺。

日干弱——財星天透地藏復多見食傷而不見印星、比劫幫身。財星極旺，印弱又逢財星貼身所制而不能為用，且不見比劫、劫財護印。

財星不及

日干強——比劫重重又無食傷轉而生財或七殺制伏比劫。財星力弱，雖有食傷轉而生財，但又為強印所制。

財格之成立

日干強——財旺，而有官星制比劫。財星弱，有食傷生財。

日干弱——即財多身弱，有印綬生身或比劫幫身，但用印需財印不相鄰或有官殺洩財生印。

財格之破敗

日干強——財星輕，復見比劫重重。財旺，無食傷通關成兩相對峙之局。

日干弱——財旺而透殺。用印而見強財，又無比劫護印或官殺洩財生印。

月令地支遇刑沖。

財格之喜忌

日干強——比劫多，原局沒有食傷則喜官星制比劫，忌再見食傷；原局有食傷則用食傷洩比劫轉而生財。見官殺有官傷制伏不以為忌，最忌見印星生日元制食傷。

財格，以月令偏財真神為用，喜食傷生財。如原局偏財有力（透天干），是以防止偏印制食，並可藉食神制殺，即使大運流年遇到七殺，也有食神回剋而令地位得以提升。

財格，如遇偏印奪食，食神不能制殺生財；遇比劫則爭財，這樣財星不能為己用。又正偏財均喜深藏地支而有力，不喜浮露天干而不通根，不然遇比劫運，群劫爭財，不貧亦會因財致禍。

日干弱——財星多，喜見印星比劫生扶日元，忌見食傷、財、官殺。

官殺多，喜見印星洩官殺生日元，忌見財官殺。

食傷多，喜見印星制食傷生日元，忌再見財星壞印。但財格用印，必須原局財印地位間隔，財印不相鄰，否則財破印則印星可能不能為用。

此外尚需注意，先財後印，即可成福；先印後財，必成其辱，因用印而印在年月財在時，而時為歸宿，最終會破印，然印為用神而在時柱，故晚運必佳。

財格，忌七殺而有七殺則十有九貧。
財格，喜七殺而有七殺則十有九貴。
財星旺——財格，日元皆喜見祿，如以財為用而見祿，不貴必富。

財格行運得失

日干強——財亦強，無有力之食傷通關或官星制劫，喜行食傷與官殺之運，行食傷運利從商，行官殺運則利掌權。
財不弱，見官星，行官運可以升官發財。
財不弱，見食傷，行食傷運，必因投資而大發財資。
比劫多，原局有食傷行財運可以發福，但行比劫運奪財或行印運制食傷，則剋妻害子或官司糾纏，甚至家破人亡。
以財為用，行運流年三合財局，主發富發財，而為官者，則主因上司升遷而自己也能隨之晉升。
日干弱——財多身弱，最喜行比劫運，必得朋友之助而得到財富；最忌行官殺運，必然惹禍。
財多身弱，少年行日主休囚之運必然有志難伸，中年運交日元旺運，則可勃然興發。

財多身弱，少年行日元生旺之運，至為享受，中運交日主休囚之運，必然家道中落甚至貧疾不堪。

財多，原局無間隔之印星為用，喜運行比劫以劫財護印。如行印運，則原局如有財星剋制，多不能興發。

財多，原局見官殺制比劫，行運喜見印劫，忌見財官殺。

局中官殺交加或食傷競洩，這種情況以行印運最佳，因印能洩官殺、生日元，又能制食傷。

財格帶七殺，日干強，可用食神制殺，而日干弱則可用印化殺或羊刃合殺，又不論制殺或合殺行運均喜食傷。但用印之局，則喜行印劫而不喜行食傷，以免日元剋洩交加。

財格均喜日干強旺，財星有力，凡運行財旺之鄉者，皆能發福；但如見刑沖破害，比劫分奪，則為破祖勞苦之命；又或財星太衰，日主太弱，或財多生殺，行運又不能調劑，則有財亦不能得以享用。

例子：

時	日	月	年
官	日元	才	才
乙	戊	壬	壬
卯	午（沖）	子	申
官	印	財	食

大運

癸丑　甲寅　乙卯　丙辰　丁巳　戊午　己未　庚申

原論

此造雖財格，但用在乙木官星，月令財旺生官也，甲運七殺相混不利，寅運則寅午會成火局，解子午之沖，亦幫身美運乙卯十年。

官星清，雖旺無礙，又丙辰、丁巳、戊午、己未皆為美運，惟忌金水之地矣。

蘇論

此局財官格而用印，明矣，甲寅乙卯木運俱旺，自然能生火。其實看運不能天干、地支分割來論斷，故甲寅一柱，則天干地支同參——

天干官殺混雜，而地支則寅午會火而生旺日元，又日元生旺自然不怕混雜，反而殺官生印，印生日元。又此造不論以寒熱命或古法算命去論斷，皆以火為用明矣。

例子：

時	日	月	年
才	日元	E	印
庚	丙	甲	乙
寅 冲	申	申	未
E	才	才	傷

大運

癸未　壬午　辛巳　庚辰　己卯　戊寅

原論

此造財旺當令而且透出，好在寅中丙火長生，甲木得祿，身弱必以印綬為用。然此造財印並透，好在中隔丙火，財不破印，此名之為財格用印而財印不相礙。但究竟身弱印輕，金旺秉令，故運宜幫身為美，官殺亦不忌，因財生官殺，官殺生印，印生日主，亦為通關。

蘇論

此造明顯財印相礙，而且在地支，即使天干財印不相鄰亦無用，因天干虛浮之木若非得祿於時，根本無用可言。

此局主賴時支寅木，才能全火之用，所以大運辛巳即使天干透金，但因地支為火，加上天干雖制印，但丙火通根於巳後變為強火，根本無勞印生。雖庚辰運無用，惟己卯、戊寅能助火炎亦佳運也。

例子：

財	印	日元	劫
乙	己	庚	辛
未	卯	寅	巳
印	財	才	杀

大運

戊	丁	丙	乙	甲	癸
寅	丑	子	亥	戌	酉

原論

此造亦財格用印，但乙己財印並透而相並，則財破印，印星受損，不能為用，當以比劫扶身剋財救印為用。

運以劫財扶身為美，印運亦佳，官殺運可行，然食傷財運，則為忌矣。

蘇論

此局以古法推論，財旺必然用印劫，但當以劫為先。時上比劫通根長生無力，天干己土為財所制，年支未與卯合亦無力，以古法論之此非佳局，必以寒熱命方可論之。

寒熱平命推算法

庚金生於二月，不管日元強弱，必以運走金水為佳。此局財星當令，即財令通門戶，代表一生財運不缺，且大運走申酉戌亥子丑西北金水之地，更必有一番作為。

例子：

劫	食	日元	印
壬	乙	癸	辛
辰	巳	巳	酉
官	財	財	印

大運

丙午　丁未　戊申　己酉　庚戌　辛亥　壬子　癸丑

原論　此造財星當令，雖食印並透而食神無根，癸水日元，休囚而印旺，蓋巳酉、辰酉皆合金也，巳中丙火得祿，官得財生，雖印剋食，然不損其貴氣。

蘇論　以上原局所論，既輾轉，亦牽強。巳酉合金還說得上，然辰酉年時遠隔，要相合也無從。其實這格局簡單容易——

癸水日元生於巳月死絕之地，還幸年為壬辰、壬水通根於辰而有情；時柱辛酉，金通根於酉而有力，巳酉合而助金，年時柱皆日元之用神，可見此造由生到死都有所用之物包圍着自己，這種格局還會差嗎？

再加上財氣通門戶，且一生運走西北金水之地，必然富貴齊來。

例子：

才	日元	殺		劫
戊	甲	庚	合	乙
辰	午	辰	合	酉
才	傷	才		官

大運

己卯　戊寅　丁丑　丙子　乙亥　甲戌　癸酉

原論

天干乙從庚化，地支辰酉合，財生殺旺，當以午中丁火制殺為用。財黨殺攻身，不能用矣，喜生於辰月，又得辰時，甲木餘氣猶存。

然此造究竟身弱，運行寅卯身旺之地，丙丁制殺之方，宜其貴也，而乙亥甲三運亦幫身為旺。惟子運沖午，恐有生死之災，雖子辰相會，恐亦難解矣。

蘇論

以上格局日元甲木通根於月時而無力，且財多黨殺攻身，還幸乙庚相合，比劫合殺，日元雖弱，但格局完整。

加上運行金水旺地，尤其是亥子丑三十年水運，既能調候，又能幫身，美運矣。

例子：

殺	日元	比	比
壬辰	丙午	丙申	丙辰
食	刃	才	食

大運 丁酉 戊戌 己亥 庚子 辛丑 壬寅 癸卯

原論

丙坐午刃，申辰拱合而透壬，固當棄財而用殺矣。然其佳處，至在午刃，身強方能敵殺也，壬水生申，為秋水通源，用神進氣，運行庚子、辛丑，壬水之地，所以貴也。

蘇論

以上八字即使以古法論斷也不大正確。事實上，此八字與前面之論斷剛好相反——

此局日元通根羊刃，年月透丙，但「丙臨申月逢陽水，難獲延年」。蓋七月金水進氣而火氣已過，且年日時支皆為水之根氣，七殺乘旺，即使以羊刃敵殺，但運亦宜行印比食傷之地而忌財殺旺地，故以上論斷，牽強非常。

寒熱平命推算法

此局必以寒熱命論方可論斷——局中羊刃駕殺，比劫透出敵殺，格局完整。行運雖仍以木火為佳，但金水不忌。木火運利從商，金水運則宜從事公職、專業或在大機構掌權，蓋七月出生為秋季之平命，要火而不忌水。

第七章

印綬格

印綬格

月令印綬，不見財星來剋，或見財星有官殺通關其氣勢或財印不相鄰。

正印偏印作用大抵相同，只是性格有異而已，身旺喜食傷洩秀，身弱喜印劫資扶。

印星之太過與不及

印星太過

印格，日干強——印星天透地藏，且多見比劫而不見食傷財官或見之而無力，不能為用。以官星為用而見強印洩官星之氣生旺日元，而不見財生官破印。

印格，日干弱——印星天透地藏，得時、得地、得勢，為「母慈滅子」，四柱又不見財星。

印星不及

日干強——印星只藏月支而不透天干，復見比劫祿刃交洩。

日干弱——財星多而不見官殺。

印雖透天干，然天干逢剋，地支逢沖或合去。

印格之成立

日干強——印弱而見官星制日元。

印旺而見財星損印，去其有餘。

日干弱——透七殺而有強印轉化生身。

食傷洩氣太重而見印制食傷生身。

印格之破敗

日干強——以食傷洩秀為用而食傷為印所制。

印亦強，見財破印損其有餘，但局中又見比劫奪財。

印重，再逢七殺生印。

日干弱——印星輕，復見強財破印。

印星輕，局中食傷天透地藏得地得勢。

印格月令地支逢刑沖。

印格之喜忌

印格月令地支印星天透地藏而有力，不遇刑沖剋合，一般均喜日元身弱，因日弱印強，日干可乘印綬之力而轉弱為強。如果日干也強，則日元不免太過，即使遇官殺制日元亦為強印所洩，用財則為比劫所奪，唯一可用者為食傷，但亦要看看會否被局中強印所制。

日干強——有官星拘身，不致放蕩不羈。

印格，印星多，見食傷喜食傷洩秀轉而生財。印星微，見官殺，則喜官殺生印制比劫以全財而使五行流通。

印旺，原局透比劫，若取財破印為用，則財受比劫所制，一生易受朋友所累，以致大破財資。

印輕財重，取食傷洩秀生財，必能因營商致富或靠自己思想之發揮而得財。

印旺，日元不免太過，必以食傷洩秀，財來損印。

原局見食傷、財官，連環相生，五行平均，亦可論為福命。

印重，日元過旺，如局中以殺為用，這樣殺生印，印生日元，日元自旺其身。五行閉塞不通，必然孤獨貧困，如原局見食傷，行運再行食傷財星，這樣亦可衣祿周全。

日元弱——印星不過旺，最喜見官星，為官印雙清，即使遇財星壞印，亦有官星轉化，遇食傷則有印星制合。

有印生身，不致生機絕滅。這樣其人多為正人君子，如為官者，則多清廉慈慧，不亢不卑。

例子：

杀	印	日元	𠂎
戊	辛	壬	庚
戌	酉	子	戌
杀	印	刃	杀

大運

庚申	己未	戊午	丁巳	丙辰	乙卯	甲寅

此局初學者論之必以殺印相生、七殺有印轉化而斷之為格局完整，視之為佳局。但其實小心細看，此局日元自坐羊刃，月令一柱印星，日元已經過旺，又日元旺者應用七殺制之或食傷洩之。此局見殺而不見食傷，故必以殺為用。而七殺通根乘旺，七殺有力，奈何局中印強，旺殺之氣盡洩於印，轉而生旺日主，成五行閉塞不通之局，局中根本無用可言。還幸少運得巳午未三十年財運，尚得父祖庇蔭；至丙辰運，父歿，生活頓失依靠。

日干弱，印星過多，喜見財星壞印；印星輕，見財星，則喜比劫幫身制財存印。

日干弱，取印為用，原局略見七殺有印轉化，假殺為權，是為殺印相生，可以發貴。但若七殺天透地藏而有力，則其攻身之勢強不可擋，如印星之力不足以化殺，最好見羊刃合殺。

例子：

	時	日	月	年
十神	劫	日元	殺	
天干	乙	甲	庚	×
地支	×	×	子	×
十神			印	

天干透乙即地支之卯，很多古書論羊刃合殺時都是這個意思。

事實上，地支見卯即使可以合殺也只是暗合而不是明合，並非真正之合，是有意思想合而已。天干用比劫合殺，從格局論是一個不錯的選擇。古書有云：「合官為病，合殺為貴」。

日干弱——印重，日干並非弱不可扶，借殺生印轉化，也可發貴。

以印為用，這是月令真神得用。不見財星破印，則格局純粹，可以發貴；若原局見財星破印，則百事難通。

原局財印交叉，財輕印重，取印生身敵財，仍可發富。

忌七殺攻身，可取印星化殺生身，忌食傷洩身制殺，這樣制殺不成反而變成剋洩交加。

印輕，再見食傷多而盜洩其氣，日元不勝負荷，不免貧寒困苦。

食傷制殺太過，宜用印制食傷化殺生身。

日干不太弱——見財星者官星轉化亦不為忌。

印格，以七殺為用，必須身重印輕或身輕印重，才可以取用，因為日強印輕，日干尚未過強，假殺為權有印轉化，可以發貴。日輕印重則可借七殺生印，印星轉生日元，此謂之「逢印看殺」。

例子：

×	×	乙（日元）	×
未	亥	卯	×

印格因月令地支會合而改變其性質者，譬如會成比劫之局，日干更強，則應以財官、食傷剋之洩之而使其中和。

例子：

××
×未
日元 辛卯
×亥

相反會成其他財官食傷之局，則日元反弱，必以印劫為用。

印格行運得失

日干強——印重，天干露出官星，官能生印，轉生日元，則日元更旺，官印皆不可用。行運喜見財星壞印損其有餘（但不能為官星所化），行食傷洩日元之旺氣，使其氣勢流通，行食傷財運更佳。

印旺，原局有財，行運以財破印必然發富。

原局無財，行食傷運洩秀，必因個人之才華而達至成功，且名利俱佳。

以食傷為用，行官運合去食傷論凶。

例子：

食	丙	子
合		
印	辛	×
日元	甲	×
	×	×

丙辛合而兩失其用。

日干強——行殺運，合去羊刃則論吉。

印旺，以印比運為失，食傷財官運為得。

日干弱——印格，天干露出官星，則取印化官生身為用，並可以印制食傷以護官，行運以印劫運為得，食傷財運為失。

印格，天干官星食傷並露，必以印化食傷洩官星生日元為用，行運以印劫為佳，食傷財為失，行官運則有印轉化不忌。

印輕財多而天透地藏且有力，當以比劫為用，行運喜比劫祿刃加重，忌見印星生扶，因印星為局中強財所剋，如杯水車薪，反激其燄。

印旺，天干官殺並透，可取印星化官殺為用。如日干不太弱，行運喜食傷制合殺，行比劫運亦可，忌行財運助官殺且壞印。

以印為用——印格，最怕行運逢月令三合變局，因如將月令變成財、食傷、殺局，將原來生身的印星變為洩身或剋身，致使日干更弱，都是壞運。反之如日干強而月令印星逢運，三合會成比劫之局或印局，使日元更加強旺，則必然因剛愎自用而大破財資，亦容易受朋友之牽連而禍事百出，破財是非在所難免。

印格，有財星剋傷印星，行運見比劫幫身劫財護印，必然憑個人之才能而獲得財富。

印格，行運略見官殺生助用神可以發福，但如官殺會合太多，反而剋制日干，則福氣必有不足。至於歲運如逢財生官殺破印，就必因財而惹官非是非，甚至牢獄之災。

印格，七殺天透地藏，以印星轉化生身為用，行運遇財星生旺殺或印星臨死絕墓之地，斷絕日元之生機者，必有禍事甚至生命之厄。

印格，原局財星剋傷印星，行運見比劫分財護印，必然發富。

印格，財多，見比劫制財以存印為佳，行運喜見印比生助，忌見財官殺。

例子：

官	印	日元	印
丙	戊	辛	戊
寅	戌	酉	子
財	印	祿	食

大運 己亥 庚子 辛丑 壬寅 癸卯 甲辰 乙巳

原論

官露印星，官之氣盡洩於印，身旺印強，其佳處全在時上子水洩金之秀，是當以金水傷官取用也。且其金水傷官，並不喜見官星，蓋生於九月，未屆金寒水冷之時，而原局已有丙火暖局，不必再行火運矣。既以傷官為用，自以財及食傷運為最利，比劫運亦可行。此造亥至辰五十五年，一路水木運，實不易矣。

蘇論

上局原論差矣，日元旺者宜剋宜洩，剋洩同功，應視何者透出而為用。

此局丙火透出而坐寅，寅戌暗拱午火，官星有力，有財相生，怎可能有天干透出之官星不用而用藏支的食神呢？加上三秋土寒金洩，亦宜以火暖局，少年亥子丑運，利於學習，中運寅卯，財旺生官，天干壬癸有戊土回剋不忌，必然名利齊來。

例子：

才		食		日元	印
庚		戊		丙	乙
申	沖	寅	沖	申	未
才		E		才	傷

大運

己	庚	辛	壬	癸	甲
卯	辰	巳	午	未	申

原論　此造身弱用印而才食並透，財旺印輕，雖生寅月，但又為年日二申沖之，為貪財壞印。

蘇論　如以寒熱命論，此局丙生寅月，猶有餘寒，必以火溫為用。

月令寅為丙火長生，木又可以生火，時支未藏丁火，格局不差；壞在年日兩申沖寅，壞其格局，即使運走巳午未亦恐成就不大矣。

例子：

食	日元		財		𠤎
癸	辛		甲		己
巳	未	刑	戌	刑	未
官	𠤎		印		𠤎

戊辰	己巳	庚午	辛未	壬申	癸酉	**大運**

原論

此造印綬太旺，土重金埋，最喜甲木合己，制印存食，使癸水用神不傷，所以為貴也。癸酉、壬申二十年，金水相生，最為美利；辛未庚十五年尚可行，午運之後，官印旺地，土重埋金，用神傷盡矣。

蘇論

以上論述，自相矛盾，年月甲己之合，有時說甲己皆坐土，必合而化土，轉至此局又說至賴甲來制土，好像八字隨他變換一樣，喜歡說制就制，喜歡說化便化，論說不一，令人難以適從。其實年月相合不論地支所為何神，都不會化，此局甲己合土，必然是以木剋土，但可惜年月之合為互相牽制，變成兩失其用。以格局論，此局必以水為用，但以秋土論之，必以火暖為用，然局中土旺相刑，格局一般，即使運行巳午未亦只是稍有可為而已。

例子：

傷	日元		官		殺
己	丙		癸		壬
亥	子	刑	卯	刑	子
殺	官		印		官

大運

甲	乙	丙	丁	戊	己	庚
辰	巳	午	未	申	酉	戌

原論

丙火無根，濕木無燄，己土微弱，難制沖奔之水，所謂土能制水，水多土蕩也。又丙火陽剛之性，雖滿局官殺，但正印當令，亦不能從，所喜者巳午未三十年火運。

蘇論

以正格論，以上分析無誤；以寒熱命論，丙生卯月氣暖溫和，木火土金水皆可為用，然金水較佳，而局中亥子滿盆，水旺矣。

行運方面要金水而不忌木火，故巳午未可行，申酉為佳運。

第八章

建祿格

建祿格

建祿格乃月令值日主臨官之地，其氣方盛而未極，故其性質較羊刃之盛極者，雖同為旺身之物，然性質卻有所不同，因祿較緩和而刃則凶暴。

建祿格之太過與不及

祿神太過

建祿格——即日主得月令的旺氣，月令正值日主臨官，若地支見二者以上，可算祿神過旺。

局中復見強印生扶。

月令地支三合會局或三合會方。

祿神不及

建祿格——日元雖旺，但四柱官殺天透地藏會合有力，祿神不勝其剋伐。

日干雖強，但四柱食傷天透地藏而黨眾，洩弱日元之氣。

四柱食傷財官殺競透且得地而有力，日元剋洩交加反而變弱。

日元已旺，四柱復見強印，成母旺子衰，母慈滅子。

建祿格之成立

日干強——建祿格，透官星而逢財印（需財印不相鄰）。

殺旺而有食傷制之。

透食傷，見財星流通其氣。

官殺或食傷強於日干，局中有印星轉化。

財星強於日干，有比劫幫身劫財。

建祿格之破敗

建祿格——印旺，透官殺，官殺無力，且轉而生印，印生日元，日元自旺其身。

透官星為用而又透傷官。

透財星又逢七殺，財生殺旺，殺旺攻身。

食傷多或官殺旺，用印制食傷或化殺，但印為財星所破。

建祿格用神選取

建祿格，印多——宜用財星，但需注意財星是否被比劫所奪。

建祿格，比劫多——宜用官，但需注意官星是否被傷，如見七殺，則需講求制合。

建祿格，官殺多——日干強於七殺，宜用財生之，但見殺仍需講求制合。官殺強於日元，則宜取印星通關轉化。

建祿格，食傷多——日干強於食傷，宜用財星流通其氣。食傷強於日干，宜取印星制食傷生日元。

建祿格，財星多——日干強於財星，宜用食傷洩日元生財星。財星強於日干，宜用比劫分奪財星。

滿盤食傷財官殺，剋洩交加，日干轉弱，最宜用印洩官殺，以生日元並制食傷，但需注意印星是否被財星所制。如印被財星所制不得已而用比劫幫身，則要注意比劫是否被官殺所制。

建祿格之喜忌

建祿格，即日干逢月令旺氣，除原局官殺或食傷財會合成黨，天干競透，其力大於日干外，一般均以身旺論。

日主臨旺月，財官必在月令的衰地，財官衰而日干強，故建祿格最喜財官透出天干，以財生官制日元為用，自然富貴齊來。但若財官天透地藏而黨眾，其力大於日干，日干轉強為弱，則喜印星生扶，故見祿格用官者，最喜見財印相隨，如此則財以生官，印以生身，不論日干旺弱，皆有用神可用，即使運遇食傷亦有印星制食傷護官星。但要注意者是財印必須間隔不相鄰，如財印相鄰則財破印而印不能為用。

建祿格不見官星亦可取食傷洩秀為用，最好局中有財星流通其氣，為食傷生財，必能從商致富。

建祿格不見官星食傷而只見財星，身旺喜見官星食傷，身弱則喜印星比劫。

建祿格，如官殺並見，除官殺弱以殺來助官或官來助殺外，其餘均要講求制合或謀去留之道。

建祿格，日干強，見七殺，取食神制殺為用，假殺為權亦能發貴。如食傷過旺，制過七殺而日元轉弱，則喜見印制傷化殺生身。

建祿格，見印重天透地藏而有力，四柱不見財官食傷，應以從強從旺之特別格局去論（註：早已發現無從格、化格，但可以用別的方法去論，日後教授寒熱命論之時自會詳論。）。

建祿格，若日干生旺而財官食傷剋洩無當，即沒有恰當的用神，日干旺極無依則：

（一）必無祖業繼承，需遊食傷鄉。

（二）身旺財官衰再行身旺運，必然剋妻害子或妨父，甚至有打架、官非、破財之事。

（三）日元過旺，其人必剛愎自用，自我中心，任性不羈，一生難有建樹。

以上格局之原局並無用神，唯有靠行運補救。如行食傷，可用思想謀生，從商亦可，如行官殺運則當可掌權任管理之職。

建祿格，日干強，如得財官食傷剋洩恰當，不但可以富貴，而且可以長壽。

建祿格，日元強旺，行運月令祿神被沖，這是犯旺，必然有官非、損傷、車禍之事。

建祿格行運得失

建祿格，日干強，難招祖業，必主平生見財不聚，行運見比劫主妨父損子、剋妻破財，或官非爭財糾紛之事。

建祿格，日干旺，有財可用，行官運可以發貴，且能貴中取富；行食傷運則富而不貴，行比劫運則奪財。

建祿格，歲月時中財殺太多，日干必由旺變弱，宜得印運以生其祿神及比劫運助之。

建祿格，原局無財官則無祖業，若逢行運財官，則身旺能任其財官，必可白手成家；然大運過後如不懂得退守，到見到逆轉時，多無法復元，運氣一落千丈。

建祿格，身強用官，原局有印來護官，行運喜見財官，最忌官星被合神合去或七殺混雜官星。行食傷運因有原局印星制伏故不以為忌，行比劫運則普通。

建祿格，天干透財官印三奇，財以生官，印以生身，行運見財官印皆不以為忌，最忌見七殺混官，食傷合去官星，使純粹的格局變成混濁不清。

建祿格，原局不見官星而見財星，日干強於財星者，可以財星為用，但必須帶食傷洩日元生財。行運喜食傷，最忌印運制食傷，使原局用神破損，變成比劫奪財。

建祿格，財旺見食傷，其盜洩之力大過日干，宜取印星或比劫為用。

建祿格，見七殺，因殺能攻身犯旺，故應取食傷制伏為用。如食重殺輕，行運喜見財鄉；殺重食輕，行運則喜見食傷。

建祿格，若原局七殺帶財，則財生殺旺；如原局有制合，行財運為吉，行官殺運則混雜，最忌者行剋制制合之物，如用食傷制殺運行印制食傷、比劫合殺行制比劫之運皆為凶。

建祿格，身旺，原局無財，取食傷洩秀為用，行財運流通其氣可以發財，行官殺運則看局中形勢可否轉用官殺，如可則為打工掌權或與人合謀而自己任管理之位。如官殺為食傷所制而不能用，則用回局中食傷亦不為忌，最忌為印運制食傷，使五行閉塞不通，又行比劫運有食傷洩氣亦不為忌。

例子：

印	官	日元	比
庚戌	戊子	癸酉	癸亥
官	祿	Ｅ	劫

大運

己丑	庚寅	辛卯	壬辰	癸巳	甲午

原論　月令建祿，戊土官星通根於戌，為官有根也。庚金為輔，然身旺無勞印生，惟行運至食傷之地，取以護官耳；至庚寅、辛卯、壬辰運，均平平；惟癸巳之後，運轉南方，財生官旺，其得意在晚年也。

蘇論　格局與原論大致相同，都是身旺用官以財生官為用，然用神是可以變換的——

行食傷運時可以棄官而用食傷，至庚寅、辛卯食傷運而透印，則格局已經變換。又寅卯東方木地可以暖局，始終為佳運，但此運當然不及巳午未三十年財運，一來可以助官，二來可以暖局，三來財運為加倍之好運。

例子：

甲子
丙寅
甲子
丙寅

大運
丁卯　戊辰　己巳　庚午　辛未　壬申

原論

兩神成象，甲木月令建祿，而丙火亦自寅中透出，此所以為木火通明也。然無子水印綬，則火燥木枯，子水者，取以調候，非以為用也。

運轉南方，宜其大魁天下，庚午煞不通根。丙火回剋，不足為害，辛金合丙，不免晦滯，壬申殺印之地，非吉矣。

蘇論

原論實在荒謬！這麼簡單之局，卻弄至那麼複雜，實有點捨本逐末。論命之目的，是要準確判斷命造之吉凶，而非引經據典，拐一個彎也達不到目的。

其實此局簡單容易——甲木生於寅月建祿之時，日元生旺，且滿盤印劫，必以食傷官殺為用。但局中透食而不透官殺，當以食傷為用。再加上生於初春，餘寒未盡，必以暖局為先，而其用亦在丙。且正月月令真神又為丙，故丙火集三個用神於一身，宜其取貴。大運卯辰巳午未，除辰中藏水無用之外，亦為佳運。

此局為食傷佩印，從商必能致富，從事藝術創作亦能有一定之成就。

第九章

羊刃格

羊刃格

羊刃者，是指五陽日干見月令帝旺之地，如甲見卯、丙見午、庚見酉、壬見子，而戊在午月雖為羊刃，但因印比羊刃更為有力，故不入羊刃格。

又陽干有刃，陰干無刃，乙見寅、丁見巳、辛見申、癸見亥，如以陰長生去推算，雖然名稱是「羊刃」，但陰干始終陰柔，與羊刃之剛強有所不同，故只可以算是月劫，力量與見祿格差不多，看法亦同。而己土生巳月亦只作印星來看，與戊見午相同。

羊刃格，因月令羊刃，除局中食傷財官殺四柱競透，一般均可作旺論。日主強，刃旺，必須用食傷洩之，因用官殺唯恐犯旺，縱然有財來生殺，但因比劫能奪財，斷絕官殺之根，故即使在無可選擇之下而用殺，其格局亦不及食傷，且一生凶險必多，起跌不定，快發快喪。

羊刃格，食傷財官殺過旺，日元轉弱，必以印比生扶為用。地支見一印或一劫，即可轉弱為強，足以擋傷官而敵七殺。

羊刃格之太過與不及

羊刃太過

羊刃格——日干得月令旺氣，年月時支中再見。

日干已旺，再見強而有力之印星。

日干得月令旺氣而比劫競透而有根。

月令地支三合會局或三合會方。

羊刃不及

羊刃格，日干強——但四柱官殺天透地藏，會合有力，羊刃不勝剋伐，則日干轉弱。

但四柱食傷財天透地藏，會合有力，羊刃不勝盜洩，則日干轉弱。

四柱官殺食傷財得地得勢競相剋洩，日干轉弱。

羊刃格之成立

羊刃格，日干強——透官殺而見財生官殺。
食傷多，見財星流通其氣。
印星旺，有財星制印，去其有餘。
財多，有官殺制比劫以護財或見食傷通關轉化。
羊刃格，官殺黨眾而強於日干，見印星洩官殺生日元。
羊刃格，食傷過旺，日元轉弱，而有印星制食傷生日元。

羊刃格之破敗

羊刃格，日干強——透官殺而見食傷。
食傷多，見財星而天干比劫競出。
印多，不見財星食傷，而又從化不成（但已知並無從化之格，以後會詳論之）。
財多亦強，兩相對峙而無官殺制比劫護財，亦無食傷通關。

羊刃格，日干弱——官殺乘旺，不見有力之印星而復見財星。食傷過多，日干轉弱而不見印星。

羊刃格，月令地支逢刑沖。

羊刃格用神選取

羊刃格，印多——宜用財星制印，但要注意財星有否被奪。

羊刃格，比劫多——宜用官殺制劫，但要注意官是否被剋合，殺是否被食傷所制伏。

羊刃格，官殺多——日干強，宜用財。日干弱，宜用印。

羊刃格，食傷多——日干強，宜用財流通其氣。日干弱，宜用印制食傷，生日元。

羊刃格，財多——日干強旺，宜用官殺制比劫以生財，無官殺則宜以食傷洩比劫生財。日元轉弱，宜用比劫祿刃，如無比劫則用印，但要注意是否被強財所剋。

羊刃格，刃重——用官殺恐激怒旺神，只宜用食傷洩刃生財，此謂之過旺者宜洩不宜剋。

用，但要留意財印是否相鄰。

滿盤官殺食傷財剋洩交加，日干轉弱，宜取印星洩官殺制食傷生日元為

羊刃格之喜忌

羊刃格，日干強，因羊刃能劫財沖官，破壞日元之貴氣，又刃能剋妻害子，故凡日干強者，均忌見之。如得有力或兼有財星支援的官星制伏，或得七殺制合，必能駕官殺為權，是為貴格。

但羊刃格用官殺，又見食傷制合官殺，則官殺不能制刃，便成剋洩無當。除非日元強旺，殺亦強旺，這樣見食傷才能駕殺為權。但如果是官星的話，則一定不能再見食傷。

羊刃格，日干雖強，然見官殺黨多，其力強於日干，或見食傷多，其力又強於日干，均喜印星生扶及比劫祿刃幫身，忌見財官壞印。

羊刃格，日干強，如見財星黨眾，其力大於日干，則喜比劫祿刃加強日干的力量以分奪財星，最忌見官殺制比劫。

羊刃格，刃重，日元強不可黨，見官殺剋制反激怒旺神，見財星亦不堪爭奪。在這情況下，只能用食傷洩其旺氣，順其氣勢。

若羊刃格，日元黨眾而強旺，見官殺而又無力，見食傷又被強印所制，則為旺極無依，不見孤貧亦為僧道。

羊刃格，身殺兩停而帶財星，應以印星化殺生身為用；如用食傷制殺，則要注意食傷會否被財星所洩，轉而生旺七殺，殺旺攻身。

羊刃格，日干強，以官星為用，若天干透財，有官護財，則必能富中取貴或貴中取富。

羊刃格，日干強，用殺或官，如官殺天透地藏而有力，則貴氣必大；如官殺深藏地支而不透干，或透干而地支通根無力，則貴氣必小。

羊刃格，日干強，四柱官殺食傷剋洩並見，日干轉弱，見有力的印星制食傷洩官殺轉生日元，也可以發貴，但極忌再見財星壞印。

羊刃格，日干強，原局無官殺，或有官殺而不能為用，且財星天透地藏，深厚有力，羊刃得月令之助，其力甚強，足以劫奪財星。然在這種情況下，亦不能取財為用，唯有取食傷洩日元之氣通關生財，以此流通其勢，亦可發富。

羊刃格，如刃強財重，兩相對峙，沒有通關或制伏之神或無可用之神，便無福貴可言。

羊刃格，如月令刃星與其他地支會合成方成局，又無有力之官殺或食傷剋洩，便成從旺格（但其實沒有從旺格，但仍可就格局之清純與否而有其他看法）。

羊刃格行運得失

羊刃格，日干強，除從化以外，不論以何者為用神，如見歲運地支與原局地支三合刃局或三會刃方，則日干強不可擋，致使原來剋洩之用神無力，行運再遇祿刃必以為凶。

羊刃格，日干遭剋洩無度而轉弱，行運地支羊刃被沖，必然官災訟禍，甚至損傷及有生命之厄。

刃重，原局有得力的官星制刃或食傷洩氣生財，運行財地，前者可以助官，富而且貴，後者可以發富。

羊刃格，日干強，歲運再行劫刃之鄉，必主刑妻剋子。但原局如有有力的官殺，制合羊刃，財則不足為害，但亦非佳運。

羊刃格，日干強，原局有殺刃及取羊刃駕殺或羊刃合殺，但歲運再行殺刃，則二者必失平衡，不是刃強於殺便是殺強於刃——前者易權力受損，後者可能掉官失職，有官訟禍事。

羊刃格，日干強，原局有刃無殺，歲運逢殺旺之地，但原局無印星轉化，則為犯旺無情，必有凶禍；惟原局如有印星轉化，則能化殺為權，功名可達。

羊刃格，原局無七殺而取財官為用，歲運遇七殺則為官殺混雜，歲運如遇羊刃則財星受損，均主歲運有阻或因財爭鬥，剋妻害子，官非訟事。

滿盤羊刃，行運再見羊刃或逢沖剋，必主財物耗散，甚至損傷凶禍。書云：「滿盤羊刃定遭分屍，歲運並臨，災殃立至」。

羊刃格，日干強，以官星為用者，行運喜見財官生助用神，主可以發貴發富；若原局官星天透地藏會合有力，而日元轉弱，行運見印星轉化生身，也可發福，然二者均不喜見食傷制合官星。如以七殺為用，殺不甚旺，則行運喜見財來生殺，官殺運助殺。如殺過重，日元轉弱，行運則喜見印化殺生日元，而行食傷運制殺亦可，因羊刃格即使日元轉弱，也足以支持以食傷制殺。

羊刃格，日干強，原局官殺財食傷剋洩交加，日干轉弱，以印洩官殺制食傷生身為用，行運喜印比幫身助日干。

羊刃格，日干不太弱，原局官殺並見，不論去官留殺或去殺留官，行運仍喜食傷制官殺，但如日干轉弱則喜印來化官殺或比劫幫身。

　羊刃格，日干強，原局羊刃與強財對峙，行運喜見食傷洩刃生財通關使其氣勢流通，此乃最好之運。又行官運以官制劫護財亦佳，行殺運則要注意有否財旺生殺，殺旺攻身。

例子：

官	才	日元	才
己	丙	壬	丙
酉	子	申	午
印	刃	E	財

大運

乙	甲	癸	壬	辛	庚
亥	戌	酉	申	未	午

原論

　財旺生官，月令陽刃而財有力，喜得己酉官印相生，財官印刃，週流不滯。

　運行印綬比劫之方，皆為美運，官運亦吉，如癸酉、壬申、辛未，三十年也。然甲木食神合官，乙木傷礙官星，則非吉地耳。

蘇論

　以上論斷，全謬矣，此局壬水日元生於子月，得時而黨眾，己土官星出干，為己坐酉而無力。月干丙

例子：

食	日元	劫	才
丙	甲	乙	戊
寅	子	卯	子
祿	印	刃	印

大運

丙辰　丁巳　戊午　己未　庚申　辛酉

火自坐子水，火被水剋無用可言，只賴時柱丙午。丙坐羊刃而有力，但運亦宜行財，次為食傷，以食傷生財，行官殺之地，戊未還可，惟辰丑皆無用。至於印劫，日元已經強旺，何須印劫幫扶？

原論

月令羊刃無殺制，用丙火食神洩其旺氣，為木火通明，可惜戊土晦火，中運南方戊己運，其貴不大。

蘇論

此局以傳統八字論斷，必然以食傷洩秀為用，而原論偏差之處，就在於既然以火為用，又何愁南方火地而透戊己呢？

事實上，即使戊土晦火，但只要中隔甲乙木，其力已能制土護火。

例子：

食	日元	官	殺
壬	庚	丁	丙
午	申	酉	戌
官	祿	刃	印

癸	壬	辛	庚	己	戊	**大運**
卯	寅	丑	子	亥	戌	

原論

此丁壬合官則殺清純，愈顯其美。煞重者，運宜制殺之鄉，身旺運為美，但戊己印綬則不為吉，因其剋制壬水，去其取清之物也。若壬水不透，而用官殺，則綬為美運矣，此其不同之點也。

蘇論

上論連身殺到底誰比誰旺也搞不清楚，論斷更不需評了。

此造庚生酉月，羊刃當令，支會申酉戌金方，日元強旺，天干官殺通根於戌午而不弱，但到底日元強而且旺，故行地支喜財官，而天干則以食傷為佳，印運次之。

例子：

財	卩	日元	杀
辛	甲	丙	壬
丑	午	申	辰
傷	刃	才	食

大運

癸巳　壬辰　辛卯　庚寅　己丑　戊子

原論

煞透根深，雖月令陽刃，而身非旺，用印化殺，喜陽刃制財以護印也。

初運官殺，雖不相宜，然有印引化無礙；中運印地，庚辛金不通根，而滋助印，均為美運；己丑戊食傷制煞，有印回尅，亦可行也，子運沖刃，禍來矣。

蘇論

如以傳統算命方法去推斷以上之命造，實為體用互換。局中日元雖當令，但食傷財殺俱旺，日元反弱。如以月令真神為用，用神歸月令則必然有力，必斷為上格。

至於以寒熱命論夏月出生水旺，亦為上格，只是論行運之時卻剛好相反，這唯有在專論寒熱命論的時候方能詳作解釋。

例子：

殺	日元	食	殺
甲	戊	庚	甲
寅 沖	申	午	寅
殺	食	印	殺

大運

辛	壬	癸	甲	乙	丙	丁
未	申	酉	戌	亥	子	丑

原論

丁己同祿於午，然寅午會局，刃化為印，年時甲寅，七殺太旺，喜申沖寅，庚制甲，裁制其太過。更喜申中壬水潤澤，使火不炎、土不燥，雖月令陽刃，然應以印論矣，運行壬申，癸酉最美。

蘇論

其實戊生於巳午月一定作印看，不會作祿刃去看，但也不必執著於名詞之上，知道戊生午月也是旺月就可以了。

此局殺旺，日元不弱，最好以食神制殺。而三夏火旺，亦宜以水來調候。雖云財來生殺壞印，但三夏無水，火旺木炎，同成灰燼，無水則無格局可言。

例子：

傷	日元	財	杀
丁	甲	己	庚
卯	申	卯	申
刃	杀	刃	杀

大運

庚	辛	壬	癸	甲	乙
辰	巳	午	未	申	酉

原論

年月土金相生，支中卯申各自暗合乙庚化金，日元轉弱，丁火無制金之力，早行庚辰、辛巳，凶之。

蘇論

原論簡直一塌糊塗！

此局甲與己土相合，財來合我，怎會去生庚申？且地支卯申暗合，然只有合意，而非真正相合，更不可能化金，故不能因凶於庚辰、辛巳而胡亂定斷。

上局身殺兩旺而用食傷制殺本為上格，然懷着日元貪財，而局中傷官制殺最忌見財，庚辰、辛巳，天干官殺重出必然禍至。

然而，看禍之大小，也得看年代——太平盛世之時，只會斷此造因財色致禍或官非訟獄，不至大凶之事。

第十章

論行運

論行運

論行運與看命並無分別。

看命以四柱干支，統歸月令，尋其喜用，論其四柱。而看大運，則等於在年柱之前多加一柱，而看流年，就再在大運之前多加一柱，如此類推有流月、流日、流時。然而，能準確地判斷流年的吉凶已非易事，因單看四柱已經有五十一萬八千四百個變化，而男女看法不同又再乘二，加上大運再乘十二，又細看流年再乘以六十，已經是七億四千六百四十九萬六千個變化。所以，有些初學者單憑流日、流時的五行去判斷某日或某個時辰之吉凶，簡直是癡人說夢話。

「富貴定於命」，即一生人之水平高低；「窮通係乎運」，即一生人的高低起跌。

命如植物的種子，而運則是開落之時節也——

如有佳命而生不逢時，則英雄無用武之地。如命造以食傷制殺、羊刃駕殺，本為亂世英雄之命，但生在太平盛世之時，則英雄無用武之地矣！反之八字平常而運能補其缺陷，則能有一番作為。

也就是說，如命格高而行運又能配合，則命造必有一番豐功偉績；至於命格高而行運不配，亦能在一定水平下生活，不會潦倒不堪、生活不繼。

相反，如命格一般，則即使一生行運，亦可能只達小康程度而已；如行衰運，就有兩餐不繼的可能了。

又行運重地支，如命局要火，最好運走巳午未南方；要木，就最好運走寅卯辰東方；要水則亥子丑；而要金者，則宜行申酉戌之運。至於天干，就用來配合格局，故天干地支所需要的用神有時是不一樣的。

行運得失

何謂得？

我所喜用之神得運助之，如官格用印制食傷而印無力，行助印之運；財生官而財弱，運行財官；食傷生財而日元力弱，行生助日元之運等。

何謂失？

我所喜用之神，行運被剋去、合去，如官格用印制食傷護官，行運制合印星成傷官見官；財生官而身弱，行運再遇七殺制比劫；食傷生財日元轉弱，再行食傷財或官殺運又無印星轉化生身。

總而言之，助我所需要的用神為喜，制合我所需要之用神為忌。

又有天干為喜地支為忌或地支為喜天干為忌——天干不兩行（如行甲不行乙）、地支不兩行（如行亥不行子）——

例子：

杀	日元	𠂎	比
壬	丙	甲	丙
辰	申	午	寅
食	財	刃	𠂎

上局羊刃駕殺，刃殺同旺，但因調候所需，地支最利金水之運，而天干則喜行制殺合殺之運，又制殺者為戊土，合殺者為丁火。相反，天干行水運則因重殺或官殺混雜而破格，地支行土則晦火。

例子：

食		日元	食		食
戊		丙	戊		戊
戌	沖	辰	午	沖	子
食			刃		官

此造火土食神，火炎土燥必賴水來調候，又地支亥有利調候。然行子運會助子沖午，唯恐有身體損傷或官非禍事；至天干行壬，則食神制殺，駕殺為權；行癸則食神合官，即使不犯官非亦為無用之運。故上造亥子不兩行、壬癸不兩行，由此可見即使以水為用，天干地支亦有不同分別。

例子：

杀	比	日元	傷
戊	壬	壬	乙
午	戌	子	巳
財	杀	刃	才

此局以寒熱命論，壬水生於戌月，必以火為用。

年月午戌會火，時柱乙巳，局中火旺，上格也，行運亦以火為佳，地支行巳，財運必佳。

然行午運，則沖局中之子水羊刃，難免因財惹禍，或有疾病損傷之事。未雖與子相害，惟問題不大，只是稍有是非而已，而天干格局為傷官制殺，行丁有壬合而無礙，行丙則財洩木生土，生旺七殺，殺旺難免攻身。

從以上例子得出，即使定出用神，也要分辨不同干支所帶來之不同後果。

天干有時行甲為佳運，行乙則會破壞格局；又或行丁可以，行丙則可能出現問題。而地支所注意的事項更多，因地支由會合刑沖所引起的問題比天干更為複雜，又有時刑沖不單只對運氣構成吉凶好壞，甚至會影響家庭和身體，故不得不仔細察看。

斷事看天干

天干不外乎生剋制化，主要看有否制合所需要之神，簡單易明——用官者忌見制合官星之天干、用食傷制殺者，則要看會否出現去食傷之物或官來混殺等。

行運看地支

地支之複雜性是天干所不能比擬的，因地支四字，各有其會合刑沖，有時因會合而解刑沖，有時則刑沖會解會合，有時又可能因沖去忌神而對八字生起正面作用，亦有時會沖去用神而令整個八字破壞無全。有時，甚至會因有合而減弱沖力，反之有時亦因沖而破壞合的力量。所以論斷八字時，要靈活應變。

又地支四字，宜先看年，再看月，然後日，最後再看時辰，因沖年月者快而急，力度亦大，故沖太歲之年特別容易出現變化；至於沖日時者，則慢而力度相對較細，因其力可能已被年月之沖合減弱。

但另一要特別注意的重點是天剋地沖，因四柱如整柱相沖，則其力必大，即使在日時也不能減去其沖力。

例子：

印		食		日元		印
庚		乙		癸		庚
辰	合	酉	沖	卯	暗合	申
官		㔾		食		印

如以上例子，行寅運或遇寅年，寅卯辰會木方，寅申相沖，為極壞之運，因寅卯辰助卯沖酉。寅與申相沖，日元雖當令，但根基卻已動搖，加上金木交戰，即使不損傷亦有別的禍事。

卯運或卯年，卯辰相穿，卯酉沖，卯申合，上半年必然是非損傷意外，下半年則較穩定。

辰運或辰年，辰辰自刑，辰酉爭合，辰申拱子。

巳運或巳年，巳酉合減卯酉沖之力，巳申刑合。

午運或午年，午酉相破，小事，可能代表肺、骨、喉嚨、氣管等毛病而已。

未運或未年，卯未相合解卯酉之沖。

申運或申年，與年支辰暗合，為穩定年。

酉運或酉年，辰酉合，酉酉自刑，再來卯酉相沖，夏秋之間必然多事。
戌運或戌年，辰戌相沖，申酉戌會金局沖卯，金木交戰，主刀傷車禍。
亥運或亥年，亥卯合解卯酉沖，申亥相穿。
子運或子年，申子辰合獨留卯酉相沖。
從以上例子可見，地支行運所出現之變化甚多，而八字之論斷能否準確，除了在於取喜忌神外，最重要者是要活用會合刑沖。

第十一章

論從格及化格

古代論命，當古人遇到一些用正常看法卻無法判斷的命格時，便發明了一些特別的看法，也就是「從格」與「化格」。

從格

從格，就是某一類五行過強過旺，別的五行無根無力或力弱根弱，不能為用，唯有依附局中強者，故稱之為「從格」。局中日元獨旺稱之為「從旺」，食傷極旺為「從兒」，財旺為「從財」，官殺旺為「從官殺」，印旺為「從強」，此外尚有「從兩行」及「從三行」。

一般而言，皆會判斷從格為大富大貴的格局，又從得純粹者，判斷出生在大富之家；從得不純粹者，亦能因運乘時而起。

九二年以前，我還是沿用古法論命，很多被我判斷為從格、化格的命造，其成就不一定很大，尤其是從兒格，大多都沒有突出的成就。

在因緣際遇下，我在九〇年成了批命的幕後大批發，每月埋首批的命章有百多二百份。由於不是面對客人，無從取巧，就在這樣的機緣下，發現命格不是用水便是用火，當時還被我幫他代批的師傅罵，怎麼我的判斷不是用水便是用火，我還答他說：「當然是這樣啦！不是用木火，便是用金水，這是正常的！」而這，就是寒熱命論的雛型。

然而，在此書我還是要說一說古代論述從格、化格的要點，讓各位讀者知道該如何論斷。

從旺格

從旺格者，日主一行獨旺，無官殺食傷財，或見之則弱而無根無力。又從旺格因五行之不同，而有五個不同之名稱。

木之從旺名──「曲直」仁壽格

火之從旺名──「炎上」格

土之從旺名──「稼嗇」格

金之從旺名──「從革」格

水之從旺名──「潤下」格

從旺格因係順從日干一行的旺氣，故地支要成方成局或在三支以上，見官殺則為破格，但官殺弱且為強印所洩亦可格成；見食傷如日元過旺，食傷亦能為用神，但食傷過旺則應以普通格局論之而不以從旺格論，見財星破印亦忌。

從旺格的喜忌

原則上，從旺格喜見比劫祿刃，忌見官殺，又見食傷流通其氣亦可。然而，見財星多為忌，見食傷又見財星則變成食傷生財。

此外，尚有因調候之關係而格局有高低而分其喜忌：

（一）從旺格最喜日干氣通月令而得時，其旺氣引致時上遇生旺而不臨死絕之地。如全局旺氣干支均不見沖剋，則可見食傷刃印星相輔同行，無孤獨無偶之象。

（二）從旺格最喜日干通氣月令而地支成方成局得時而旺，然會局較會方為佳，因會局氣專而難破；會方則氣雜，一遇沖擊則分崩離拆，很容易破局。

（三）日干雖不得月令旺氣，但地支成方成局或方局並見，則只要日干黨眾而強，不見剋伐且有印綬生扶，便可以作從旺格論，唯此較當時得令之方局為次。

木——曲直格

甲乙木生於寅卯辰或亥未月，而地支成方成局，天干比劫透出，不見官殺剋伐，曲直格得以成格。

又此格喜水木生扶，忌庚辛申酉沖破東方秀氣。

原局有食傷透露則以食傷為用神。

透財星則必待食傷運而後發，但如財星過旺，則應以普通格局論之。

若食傷財均不透而單透印則以印星為用，遇官殺運有印星轉化則不以為忌。

凡生於春令，用印或食傷者富貴相同，又生於未月喜印，食傷亦可，但格局不及食傷，此乃調候之關係。

生於亥月喜食傷，印亦可，但格局不及食傷，亦因調候之關係。

曲直格成立者，因五行木主仁，故為人多慈悲為懷、好施捨孤恤。以下詳釋各個曲直格例子。

例子——李鴻章命格：

E	劫	日元	才
癸未	甲寅	乙亥	己卯
才	劫	印	祿

大運
癸丑　壬子　庚戌　己酉　戊申　丁未　丙午

原論

正月乙木，不離丙癸，生於雨水前四日，月令寅官有丙火解凍，干透癸水養木，為上上之命。癸透即以癸為用，用印故不忌官殺，運行西方，封侯拜相，午運木之死地，辛丑年卒，壽七十九。

蘇論

如果真的有從格，以上為真從格無疑，因月令寅木，其他三支成亥卯未木局，天干印劫同透，必從矣。然古代八字，多為杜撰，故李鴻章的年月日已不一定準確。至於時辰，則恐怕連他本人亦未必知道。

事實上，即使上局為真實的八字，但從木旺之局，必行印劫食傷為佳，財殺為忌，尤其官殺犯旺，必為破格。酉運卯酉沖，寅運寅申沖，必然掉官失職，甚至死亡，其運甚可能延至七十九。但以正格論，時辰變為丙子，則入貴格無疑，即使不變以正格論之，運行申酉戌官殺旺地，上班一族均為權運、地位運、幫老闆運。皇帝是他的老闆，由於運行三十年幫老闆的壞運，故每次談判皆敗北而回，一生看不見任何大建樹，此乃命好運不好所致。

例子——段祺瑞命格：

比	才	日元	印
乙丑	己卯	乙亥	癸未
才	祿	印	才

大運

戊寅　丁丑　丙子　乙亥　甲戌　癸酉　壬申　辛未　庚午

原論

乙木生於二月，陽壯木渴，得癸水出干養木，大貴之命，以適合於正二月乙木之需要也，即以印為用。運行西方，位至執政，七旬後運轉南方，丙子年卒，壽七十二。

蘇論

以從格論，運行申酉戌西方金地皆為權運、地位運、幫老闆運，惟官殺不透為殺印相生，為文人帶兵之局。然以寒熱命論之，此為平命，局中水多為好命，水少為平穩命。此局水不弱且格局清純，再加上運行金水，六十年大運，一生漸入佳景，一生太平。

例子——法學家吳經熊博士命格：

才	日元	食	才
己	乙	丁	己
卯	未	卯	亥
祿	才	祿	印

大運

丙	乙	甲	癸	壬	辛	庚
寅	丑	子	亥	戌	酉	申

原論

二月乙木，見丁火出干，名木火文星，若在前清，必蜚聲翰苑，為文學侍從之臣，盡得功名事業。但如用癸，以陽壯木溫缺水潤澤故也，雖兩己洩丁不美，然不礙其成格。

蘇論

此局以寒熱命論，簡單易明——

二月當以水為用，然此局水弱而不透，格局差矣，雖然格局清純而團結，但與上造分別大矣，縱運行六十年金水之地，然成就不大。

火——炎上格

丙丁火生於巳午未月或寅戌月，天干透出比劫。

火旺乃文明之象，生於巳午未月氣勢似過專，喜見食傷吐洩其氣；生於寅戌月火不當令，其氣方進或已過，這是火盛有餘，喜印比劫祿刃生扶其旺神。然炎上格也有印與食傷兼用者，以防土晦火光也。至於無印與食傷而見財者，行食傷則富而不貴。

炎上格成立者，因五行火主禮，故為人多重禮貌。

例子：

E	日元	E	食
甲	丙	甲	戊
午	午	寅	戌
刃	刃	E	食

大運

庚申	己未	戊午	丁巳	丙辰	乙卯

原論

此造丙生寅月，雖炎上失時，但喜其運走東南方，故貴為宰相。

蘇論

此局不論以寒熱命論或古法推論，皆局中雖然火旺，但亦宜以火為用，巳午未三十年火運，成其功業。

例子：

𠂎	日元	才	𠂎
甲	丙	庚	甲
午	午	午	午
刃	刃	刃	刃

大運

辛未	壬申	癸酉	甲戌	乙亥	丙子	丁丑

原論

真炎上格，得時秉令，格局完備，毫無缺點。惟運行西北，火勢下熠，逆其性矣，故其人膽怯懦弱且毫無作為。

火性無情，此局雖成格亦無所取也。

蘇論

以上論述，謬誤多矣！此局既為真從格，理應出生富貴之家，即使一生不行運亦有不錯之地位。

況且大運甲戌，天干透甲，地支午戌會火，如以從格論，此十年甚或十五年當為一生之高峰才對。而且從火之局，生於三夏亦以水調候為佳，壬申至乙亥，不逆火性，且有調候之功，必然功業名利俱足。

例子：

食	日元	卩	食
戊	丙	甲	戊
戌	午	寅	戌
食	刃	卩	食

大運

乙卯　丙辰　丁巳　戊午　己未　庚申　辛酉

寒熱平命推算法

但此局以寒熱命論，簡單而易明矣——丙火生於三夏，滴水皆無，為清枯之命，古為秀才命，現代則為專業人士或於大機構掌權之命。惟此造只是秀才，並非狀元，所以成就一般，中等命格而已。

原論

此造亦炎上失時，且洩氣過重，雖亦運走東南，但富而不貴。

蘇論

上局天干戊土有甲木制伏，而此局戊土乘旺，且比日元更甚，不論其從與不從，格局明顯比上局為差，因丙火不畏壬水，獨忌戊土晦火。

惟以寒熱命論，丙火生於初春，火多亦為佳命，加上運走東南，成就不差。

土——稼穡格

戊己土生於四季月，得辰戌丑未三支以上，天干比劫透出，不見官殺剋伐，格取稼穡。此格喜火土生扶，忌木剋伐，但生於午未月，則火炎土燥無生育之意，即「晦火無光於稼穡」。此格不論原局或歲運均喜食傷以引化其氣，忌再見印星生扶。夏令稼穡格，時逢有金洩氣必是大富大貴之格。稼穡格成立者，因五行土主信，故為人多信實無妄。

例子：

劫	比	日元	傷
戊	己	己	庚
辰	未	未	午
劫	祿	祿	印

大運

戊	丁	丙	乙	甲	癸	壬
午	巳	辰	卯	寅	丑	子

原論

此女命，土臨旺未月，見金結局者，不貴即富，又土逢季月見金，終為貴論。此造年月日純土，時逢庚午，火生土旺見庚出干，洩土之秀，福澤之厚，無與倫比，夫榮子貴。

蘇論

以女命而言，最忌身旺，不論古今皆同，且女命以官殺為夫而局中夫星暗藏，天干比劫競透，為分夫之命。所幸者運行乙卯、甲寅二十年夫運，可助夫興家；後至癸丑、壬子、辛亥，則為旺夫運，故晚境興隆。又用在時柱，子女運亦佳。

例子：

傷	日元	財	才
庚	己	壬	癸
午	丑	戌	未
印	祿	劫	祿

大運

乙	丙	丁	戊	己	庚	辛
卯	辰	巳	午	未	申	酉

原論

三秋土寒，專用午宮丁火，早年西方運，困苦；中年後運轉南方，戊午、丁巳、丙辰，步步增勝，貴為參議總長。如此造如無午宮丁火，用庚金壬水癸水，即不足取。

蘇論

此局秋土氣寒金洩，庚金有力，必以火暖土制金為用，不論從格或以寒熱命論，必以火暖金為用，然從格不忌食傷，早年庚申辛酉運應不致困苦。但若以寒熱命論，則必以木火為用，金水為忌，早年金運困苦難免。及後運至南方為最佳配合，且秋土生旺月而有金結局，已為上格，故能取貴。且格局為食傷配印而行印運，食傷為思想，印為名譽，位至參議亦不無道理。

例子：

E	日元	劫	比
丙	戊	己	戊
辰	戌	未	戌
祿	祿	劫	祿

大運

庚申	辛酉	壬戌	癸亥	甲子	乙丑

原論

滿盤皆土，生於六月，不透食傷而透印，即以印為用，然三夏土旺宜洩，見丙火非所需要，故一生僅享蔭庇之福而無所作為。運行庚申、辛酉，優游蔭庇之下，一生唯戌運較活躍，至亥運乙亥年，丙火絕地而歿，年僅三十八。

蘇論

上局以從格論必為真從，即使運行亥子丑亦不會導致身亡，但一命二運三風水，命中看不出之事尚可能有其他原因。事實上，原論所推丙行亥為絕地實極為牽強，因火臨絕地，日元尚有兩戌一未一辰為根，總不會因而身故。但因原命沖擊太多，戌未、未戌相刑，辰戌相沖，則身體狀況難免不佳。由此可見，運還運，事還事，運乃高低起跌，事乃私人事件，如結婚生子、疾病離婚等，不能混為一談，故即使此命歿於亥運亥年，亦事而不是運矣。

金——從革格

庚申金生於申酉戌或巳丑月，天干比劫透出，不見官殺剋伐，則格取從革。庚申金生於申酉月因體質過於自強，故宜取食傷化神為用；如生於巳戌丑月，則宜取印星為用。從革格成者，因五行金主義，故為人大義凜然。

例子：

殺	印	日元	E
丁	戊	辛	己
酉	申	丑	丑
祿	劫	E	E

大運

己	庚	辛	壬	癸	甲	乙
酉	戌	亥	子	丑	寅	卯

原論

此女命，亦從革格，又名「白虎格」。雖丁火出干，但喜戊土間隔引化，不致破格。以土為用，運行北方水鄉，夫榮子貴，誥封一品；至甲寅運傷用剋夫，家況一落千丈，丙辰運己未年歿，壽八十三。

蘇論

原論從格以印為用，古法有時以用神為夫，生用神為子，故以戊土為夫，而甲寅為剋夫運。以上八字是否正確不得而知，但如以正論，當與事實不符，故無可評論。

例子：

食	印	日元	比
壬	己	庚	庚
辰	酉	申	辰
E	刃	祿	E

大運

庚	辛	壬	癸	甲	乙	丙
戌	亥	子	丑	寅	卯	辰

原論

庚金生八月，四柱無甲乙丙丁，支成金局，為從革格，運行西北為美，東南為忌，火鄉必成。此造壬水出干為用，惜己土並透有沙水同流之象，略見微庇，運行北方，貴顯必矣。

蘇論

上局庚生酉月，雖地支辰酉合金，日元自坐申金，時為印星，但以從格論，總嫌其不夠旺，因日時支申辰拱子，天干壬水透出，洩氣過盛，即使從格亦要以火土為用，一來調候，二來生旺日元，故原局之論頗為牽強。

如以寒熱命論，庚生酉月為局中無火，當為清寒之命，又秋天與冬天的寒命有所不同。冬天要火忌水，秋天要火而不忌水，故亥子丑三十年為平穩運，至甲寅乙卯二十年財運，名利皆至。

水——潤下格

壬癸水生於冬令亥子丑或申辰月，天干比劫透出，不見官殺剋伐，格取潤下。壬癸水生於冬令天氣嚴寒，遇水則凍而不流，遇木則枯而不秀，原局不見火財則以金印為用神，格局類似金白水清。原局如見火星則取食傷為用神，類似水木食傷格，寒木向陽可以生發。又不論取印或食傷為用，均忌見官殺破格。潤下成格者，因五行水主智，故為人足智多謀。

例子：

比	比	日元	卩
壬子	壬子	壬申	庚子
刃	刃	卩	刃

大運

癸丑　甲寅　乙卯　丙辰　丁巳　戊午

原論

壬水沖奔，子申又會水局，生於仲冬，旺之極矣，四柱無一點火土，潤下格成。運行甲寅、乙卯東方，洩水之氣，為最得意之時也。

蘇論

如有從格，上論完全正確，但以寒熱命論，此局為清寒秀才之命，雖入貴格，然非大富大貴，即使運行六十年木火之地，亦為中富中貴。如以現代論之，則此局可為首長之命。

例子：

劫	E	日元	劫
壬	辛	癸	壬
辰	亥	丑	子
官	劫	杀	祿

大運 壬子 癸丑 甲寅 乙卯 丙辰 丁巳 戊午

原論

此造亥子丑成方，壬癸並透，亦是潤下成格。早年壬子、癸丑運，享蔭下之福，至甲寅、乙卯東方運，更出宰名區。然至卯運末，戊寅年，被狙殞命，蓋後運丙字之氣，為戊寅流年所引起也。

蘇論

上局不論以從格或寒熱命論，甲寅、乙卯皆為好運，丙辰為壞運，但如上論戊寅年把丙運之氣提早接過來，則未免太過牽強。

如果這樣，倒不如說癸丑日出生，寅卯辰為三煞，局中辰年，運中卯字加上戊寅流年，三煞會合而凶。但三煞會齊為凶險年只能作為參考，不可能一見三煞會齊便斷為厄運。

例子：

食	日元	比	財
甲	壬	壬	丁
辰	申	子	卯
杀	E	刃	傷

大運

辛	庚	己	戊	丁	丙	乙
亥	戌	酉	申	未	午	巳

原論

壬水生仲冬，支全申子辰合於潤下格局，丁火被壬水合去，甲與卯皆為凍木，潤下格成。惟原命木氣重，洩水之氣，潤下不純，運行西北金水之地，富甲一方，境遇順遂，地位亦高。然運至南方，老境頹唐，歿於巳運亥年。

此命雖見木而不能為用，反宜金水助其旺勢，其為潤下格，富而不貴。

蘇論

以上格局為清寒命無疑，運行戊申己酉，天干官殺透出，必當名大於利。至未午巳運，應該財源廣進，但原論說老境頹唐，如事實如此，我也無法解釋，反而巳運亥年，水臨絕地，亥年，巳亥與原局之申，再遇寅日四沖當有生命之厄。

從旺格行運得失

（一）從旺格最忌旺神被合被沖被剋，行運旺神遇沖剋則破，旺氣不專多主死亡，行運遇他神合去旺神，不論在干在支輕者淹帶不進，重者格局發生變化，由純粹變混濁，富貴也必因而發生急劇變化。但行運見剋沖旺神或合去旺神仍需看原局八字構成如何，略為破壞而原局有解救之神則亦不畏懼，如行運遇官殺原局有沖剋合化之神去此官殺亦無大患，唯晦吝則免不了。

（二）日干氣勢專旺，原局得有力的食傷洩化，這是吐秀。行運遇官殺得食傷制合可以防其犯旺，行運遇財星得食傷通關轉化則可以防止群劫爭財，反之日干專旺，原局不見食傷吐秀，就切忌行財官殺之運，行官殺運犯旺，行財運群劫爭財均主凶禍。

（三）行運見財星必須原局有食傷庶無比劫分奪之慮，行運見食傷必須原局有財無印方免反剋為殃，名利可遂。行運見印星，原局無食傷財，為生助強神，亦主光亨。如原局取食傷吐秀為用行印運剋破食傷，則必有志難伸。

（四）若原局微帶官殺格局不純粹，行運遇沖剋合去此微伏的破神，格局轉而純粹亦可發福。

如原局日干生於非當旺之月，格取印為用，行日干生旺之地，亦主功名小就；但行運一遇官殺沖擊之地，因格局易破則多主凶禍災患。

原局取食傷洩秀為用則行食傷財運為得，行比劫祿刃亦宜，行官殺運有食傷制伏亦不忌，惟行印運則壞。

原局取印生旺為用，以行印比劫祿刃為得，行食傷財運為失，而行官殺運有印轉化則不為忌。

原局無印無食傷而見財，行印運為財所傷，行比劫運則群劫爭財，行官殺運謂之犯旺均非所宜，唯有食傷吐秀生財通關為得。

原局印食傷財均不現，日干一行孤獨無輔，行官殺運犯旺，行財運群劫爭財均為失，然行印運助旺，行食傷洩秀均以為得，行比劫亦非最佳。

從兒格

「一出門來只見兒，吾兒成氣構門閭，從兒不管身強弱，只要吾兒又遇兒。」從兒格需生於食傷之月，地支多見或成方成局，且透天干，又食傷要為四柱中最旺的一行，還要見財星，日柱又不見印及官殺，則格成從兒。另無財星者非從兒格，若比劫旺於食傷亦非從兒。此格成而天干透比者貴，不透比只富不貴。從兒格行運，必以食傷為用神，喜財，比劫亦吉；最忌印鄉，有亡命之憂，行官殺則多破產，退官犯法，牢獄之災。

例子：

食	傷	日元	傷
己	戊	丁	戊
未	辰	未	申
食	傷	食	財

大運

己	庚	辛	壬	癸	甲	乙	丙
巳	午	未	申	酉	戌	亥	子

原論

（女命）四柱中土佔六位，食傷旺有財星，無印及官殺，格成從兒。此局無比劫不貴，名利二輝，行運亦佳，至乙亥止。

蘇論

此局以寒熱命論亦當以金水為用，至乙亥止。又局中火弱，至亥為絕地，運無礙但命則不繼矣。

例子：

	比	傷	日元	才
天干	戊	辛	戊	壬
地支	子	酉	申	子
	財	傷	食	財

大運

壬戌	癸亥	甲子	乙丑	丙寅	丁卯

（丙寅壞運）→

原論

金當令，地支二柱且透干，水財亦旺，無官印成格，透比而貴。

蘇論

即使有從格，但以上格局最多只可斷為從二行，也就是從金水。事實上，上局金水同旺，地支食傷只有兩支，申子會水而水更旺，當以從勢論。

但以寒熱命論，應為清寒之命，用火而不忌水，行水為旺老闆運、財來財去運，轉入丙寅、丁卯後，應該還有一番作為。

但乙丑轉入丙寅為絕處逢生，必先死而後生，所以不繼續看下去的話，便會覺得入丙寅時為壞運。

例子：

才	劫	日元	財
丁	壬	癸	丙
卯	寅	卯	辰
食	傷	食	官

原論

地支方全，全部化木，丁壬合化木，比劫出干，丙財透出，真從兒格，貴而且富。

蘇論

以上原論並無列出大運，但例子如沒有註明的話，一般皆為男命。

如此造用運行丑子亥戌酉申，西北方之地，則不論從兒或以寒熱命論，皆非吉運。

惟格局癸生寅月而透丙火，必為富格，如戌運把握得好，已經夠一生所用。

例子：

官	比	日元	財
辛	甲	甲	己
巳	午	午	巳
食	傷	傷	食

大運
癸巳
壬辰
辛卯
庚寅
己丑
戊子
丁亥 ←

（庚辛壬運欠佳，己丑戊運大發）

原論 地支四火，財比透干，食傷不透，官星虛露作假從兒格。

蘇論 對於以上格局到底是從是化必有一番爭論，但以寒熱命論，此為清枯之命，當以金水為用。

因此，此造辛卯、庚寅運均一般而已，至己丑、戊子、丁亥則有一番作為。

事實上，原局論運用天干，不但無法解釋命局，而且非常牽強。

從財格

月令財星，日主失令無根，全局無印或比劫而財星眾多而旺，可以見官殺或食傷，即成從財格，柱有官星則富而貴。從財成格者，行運用財，喜食傷生之，官殺制比劫，行比劫運有官殺相制尚無大礙，否則會有大破財或喪命之厄，行印運亦凶，防刑剋、官訟牢獄之災。從財之格官星無破者，可論貴，否則富大貴小；若官星被食傷剋破則不貴，不宜任官職，否則有犯法丟官之虞。

例子：

殺	戊辰	殺
食	甲寅	食
日元	壬戌	殺
才	丙午	財

大運

- 乙卯
- 丙辰
- 丁巳
- 戊午
- 己未
- 庚申
- 辛酉

→（大運辰不利，庚申運大破）

原論

地支寅午戌會財局，時干透出丙火財星，年殺月食，剋洩交加；辰為水庫為戊土制住，以從財格論，為假從。

蘇論

原論斷此造辰運不利，當可知應以正常的格局去推論。辰雖為水之墓庫，惟辰與戌沖，則土愈沖愈旺，無損格局。但如以寒熱命論，則此局喜火忌水，故辰運不利，庚申後無以為繼。

例子：

年	月	日	時
財	印	日元	官
乙卯	己卯	庚午	丁亥
財	財	官	食

大運

戊寅　丁丑　丙子　乙亥　甲戌　癸酉　壬申

（酉運羊刃沖才而凶）→ 癸酉

原論

月令卯財，年柱又乙卯財星透干，地支亥卯半會財局。己印雖透卻為乙木所剋去，時干丁火官星得祿於午，比劫全無，日干衰弱極矣。

此局因財星當令，又旺於官，所以作從財論，有官星故貴。

蘇論

以上之局到底能否從財，已足以爭拗一番，因己土透出通根於午，天干官星透出，逢印看官殺，故乙木財星能否剋己土而變為假從已難定論。

惟以寒熱命論，此局財氣通門戶，時支亥水為用神，運行亥子丑三十年水地，必有一番作為。

癸酉運之沖，因古時人較短命，故逢六沖必斷為有生命之厄，然這與運好運壞無關。

例子：

才	日元	劫	官
壬	戊	己	乙
子	子	丑	亥
財	財	劫	才

大運

戊	丁	丙	乙	甲	癸
子	亥	戌	酉	申	未

→（戌運有災禍）

原論 亥子丑北方財局，時上壬子，財又透干，己土比劫因亥子丑會方，丑土已失去其原性，故己土無根為乙木所剋，成從財格。

蘇論 此局以寒熱命論為清寒之命，又此造要火而不忌金水，又金水為普通之運而木火為佳運也。

至於原論指戌運有禍，但卻沒有說明何年、何事，如從命造推斷，則戌丑相刑可能是家中見禍事或自身有疾病。

例子：

	時	日	月		年
	傷	日元	財		殺
	丙戌	乙酉	戊戌	刑	辛未
	財	殺	財		才

大運
丁酉
丙申
乙未
甲午
癸巳
壬辰 →（甲運差，壬癸運有土四剋無大患）

原論

地支二戌一未三支強財，戊又透干，財獨旺且有丙火傷官生之，辛酉七殺，全局剋洩交集而無印比，從財格也。

蘇論

如世上有從格的話，這無疑是從財格。

但如以寒熱命論之，則此造生於戌月天干丙火透出，通根於戌未，加上天干透殺，傷官駕殺，貴格矣。

大運巳午未為佳運，壬辰一般，辛卯、庚寅尚有佳運。

例子：

傷	日元	財	劫
甲	癸	丙	壬
寅	巳	午	午
傷	財	才	才

大運

丁	戊	己	庚	辛	壬
未	申	酉	戌	亥	子

原論

壬癸無根，生於五月，才星秉令，更得甲木出干，洩水生火，從才格真。且巳宮有戊，午宮有丁，上下相合，從而兼化，氣勢純粹。

運行西方，反增其財（從原局氣勢言見金為財）；至北方運，逆其旺氣，乃見衰退，然百足之蟲，至死不僵也。

蘇論

以上論斷，非常犯駁，既是從財，焉能行印？尤其酉運巳酉會金，全局還原必有凶禍，然以寒熱命論，則簡單易明——

此局三夏無水，為清枯之局，亦為貴格，然行運必以金水為喜，故申酉為顛峰之時，戌運退，亥子丑雖好，惟垂垂老矣，有心而無力。

從官殺

日主失令無根，全局官殺眾多且透干而旺，無食傷剋制，即成從殺（官多亦變殺）。又凡從殺者，必大富貴。

從殺格不論真假均取官殺為用神，喜財星來生官殺，最忌食傷破官殺，次忌比劫印運——逢食傷運必有禍事，比劫印運則有破財、官訟牢獄之災等。從殺格原局有財則貴而且富。

例子：

杀	杀	日元	比
辛	辛	乙	乙
巳	丑	酉	酉
傷	才	杀	杀

大運

庚子 己亥 戊戌 丁酉 丙申 乙未 甲午

原論 地支三合金局，二辛透出，剋去乙比而從格。

蘇論 乙生丑月見巳火，火弱無力，且運行金，當一般而已。

例子：

比	日元	比	官
乙	乙	乙	庚
酉	酉	酉	戌
杀	杀	杀	財

大運

丙戌　丁亥　戊子　己丑　庚寅　辛卯 →（寅運凶，戊子己丑佳運）

原論

乙木無根，虛浮天干，金之官星在地支強旺又透干，庚金剋去木，作從殺論。

蘇論

如有從格，上局無疑為從殺格，惟戊子己丑為佳運，則有一點犯駁——

丑運可說酉丑會金，但戊子由丁亥轉過來，二十年印運應破局壞格，所以怎樣也說不通。

如以寒熱命論，則木生秋水，喜木火而不忌水，戊子財星透出，己丑一柱財星，小財可得；然至寅運旺殺入絕地，則恐有生死之厄。

例子：

杀	日元	卩	財
乙	己	丁	壬
亥	卯	未	寅
財	杀	祿	官

大運

戊	己	庚	辛	壬	癸
申	酉	戌	亥	子	丑

原論

己土生於未月，土旺之時，然亥卯未支成木局，年支見寅，丁壬化木，四柱全木，更見乙木出干，剋制己土，不能不棄命從煞矣，此所謂從勢無情義也。且未月木墓非當旺之時，此在陰干為真從，若為陽干戊寅，決不以從論，以火土皆有氣也。

蘇論

雖云：「陽干從氣不從勢，陰干從勢無情義」，然己生未月為陰刃，日主強旺，與生丑月可當水來看有所不同。

辰戌丑未四季月，以未土為最旺之月，故無論如何都不會棄命從殺，所以此局應以正格論斷——

己生未月必以時支亥水為用，運宜金水，六十年金水大運，富貴俱全。

例子：

	比	比	日元	比
干支	丙申	丙申	丙子	丙申
	才	才	官	才

大運

丁酉 戊戌 己亥 庚子 辛丑 壬寅

原論

丙生申月而子申會成殺局，地支全殺，丙火天干雖有三比支扶，但皆不植根，不得不從，格成從官。

蘇論

即使有從格，以上格局亦應為從財官兩行或從財格見官殺。

如以寒熱命論，此造亦為清寒之命，且才從未月轉過來，暑氣悠在，故為要火不忌水之命。

命造運行亥子丑三十年水運，宜於大機構或公營機構工作，從商的話則與人合謀亦能有一番成就，唯一生不宜獨當一面。

從強格（亦即從印）

八字構成印星當令，復得地得勢，成母旺子衰之局，而局中全無一點財星，謂之「可順而不可逆也」，故行運喜印星比劫。

從強格行印劫祿刃均為佳運，行官殺運雖犯旺，然有印星轉化而不忌，最忌者為財運，剋制旺神則大凶，行食傷運有強印回剋亦忌。

例子：

印	食		日元	印
庚	乙		癸	庚
辰	酉	沖	卯	申
官	印		食	印

大運

丙	丁	戊	己	庚	辛
戌	亥	子	丑	寅	卯

原論

乙從庚合，卯從申合，辰從酉合，全局皆金，又生於八月，酉金秉令，金白水清，惟餘日元一癸，洩金之氣，固當以癸為用，更宜行水鄉以洩金神之秀。

蘇論

以上論斷，轉折而牽強，以正格論反而簡單易明。此局印旺用食傷，然食傷為強印所制，宜以水來通關或用財來破印。如以寒熱命論，則此為用火不忌水之局，故亥子丑三十年水運宜從事專業工作，運轉寅卯，就可轉而從商。

從勢格

八字構成日干不通根地支，或通根而弱不可扶，又日柱食傷、財、官殺競透，在這種情況下，就唯有視財、食傷、官殺何者較強而從較強之勢。如三者力量均等，則官殺與食傷不分強弱，惟需行財運以中和之，引通食傷之氣，助其財官之勢，而行官殺運次之，食傷運又次之，行印比劫祿刃運則必凶無疑。

例子：

才	丁巳	財
比	癸卯	食
日元	癸卯	食
財	丙辰	官

大運

壬寅　辛丑　庚子　己亥　戊戌　丁酉

原論　癸水無根虛浮，其勢必從，木雖當令，但只有二顆，而火有三顆，故不能從兒，也非從財，而是從勢，即從木火，用火喜木而忌金水。

蘇論　此局當以食傷旺而用比劫幫身，因癸水通根於時，從的機會不大，且一生行金水之運，正格無疑。

例子：

財	財	日元	財
壬申	壬子	己卯	壬申
傷	才	杀	傷

大運

癸丑　甲寅　乙卯　丙辰　丁巳　戊午　己未

原論

此命初看好似從財之格，但細看四柱，財星不夠旺。雖然申子半會水局，而其他二支為金木，故應作從勢看，格從金水。

此局用水喜金而忌火土，然行運不配，無大發展。

蘇論

從一句「行運不配，無大發展」，就可以推斷上局之命主只為一般人而已。不過，如是從勢而格局不低的話，則即使行運不配，一生亦理應有不錯的生活水平才對。

但如以寒熱命論，此局只為清寒秀才命，一生宜從事專業工作或在大機構發展，至中運火土，事業應會有所突破。

例子：

傷		日元	劫		財
甲		癸	壬		丙
寅	刑	巳	辰	沖	戌
傷		財	官		官

大運 癸巳 甲午 乙未 丙申 丁酉 戊戌 己亥

原論 癸水失令，辰戌沖去微根，壬癸無根，局內不見印，其勢必從。

四柱中木火土同旺相，而財能通食傷與官殺之氣，故以財為用神、官與食傷為喜神。

此局行火運最佳，木土亦喜，行金水則大忌。

蘇論 上述格局可作假從勢格論，但因知並無從格，故上局為剋洩交加之局，大運金水之地反為佳運，與上論之看法迥異。

例子：

殺	傷	日元	食
壬	己	丙	戊
申	酉	子	子
才	財	官	官

大運

庚戌　辛亥　壬子　癸丑　甲寅　乙卯

原論

丙火失令無助，從格矣，但地支雙子，壬水透干，數量超過當令之金，用金通水土之氣，故以金為用神而喜水土。

蘇論

如有從格，此局必從無疑，但如以寒熱命論，則此造為清寒之命。由於命主生於秋月，喜火而不忌水，故水為平穩之運而火為佳運。

例子：

才	才	日元	比
戊	戊	甲	甲
午	午	午	戌
傷	傷	傷	才

大運

己未　庚辛　辛酉　壬戌　癸亥　甲子　乙丑

原論

甲木虛浮無根而從勢，傷官旺又當令，故大貴。另外，此命亦可作從兒看，但因土旺於火，故作從勢較為妥當，喜火土，忌金水。

蘇論

如有從格，上局必從無疑，但如以寒熱命論來斷，則為清枯之命，亦為秀才命也。此局行運喜金水而忌木火，與從格、正格論法皆有所不同。

例子：

劫	才	日元	杀
辛	甲	庚	丙
卯	午	寅	子
財	官	才	傷

大運
癸巳 壬辰 辛卯 庚寅 己丑 戊子 丁亥 丙戌

原論

辛金虛浮見丙有剋合之意，全局不見印透乃從勢，火當令而地支只見一顆，木雖失令而有三顆，故非從殺，亦非從財，為從勢，喜木火，忌土金。

蘇論

上述從勢格雖午寅中藏土，唯不出干，不能為用，故斷為從勢。但以寒熱命論，庚金生夏月必以金水為用，時為子水加上中運亦行水，故應有不錯之發展。

例子：

官	比	日元	財
辛	甲	甲	己
巳	午	午	巳
食	傷	傷	食

大運
癸巳 壬辰 辛卯 庚寅 己丑 戊子 丁亥

原論

甲木無根虛浮，辛金剋之，日主孤立，其勢必從。如從兒火不透干，從財則財不當令，故從勢較為妥當，用火喜金土。

蘇論

上局不論斷為從兒、從勢或甲己合化土格，皆以火土金為用，水木為忌。然以寒熱命論則為清枯秀才之命，行運喜金水而忌木火。

五合化氣格

日干與月干或時干成為天干五合而逢化神當旺之月令即變為化氣格，但日干必須極弱，即不見印比之根。

五合化氣格包括「甲己化土」、「乙庚化金」、「丙辛化水」、「丁壬化木」及「戊癸化火」，現釋述如下。

甲己化土

（一）必須生在辰戌丑未的月令，地支土在二位以上，干透戊或己，或地支土旺而不透戊己亦可。

（二）四柱不見木星來剋破（如木虛浮無根或有制合可作假化）。

（三）時支非水木，喜土生旺之地，臨土之絕地不化。

（四）行運用土喜火，忌木鄉，次忌水地。歲運逢庚辛，因為能剋甲木，使化神一字還原而凶，恐有牢獄破產、色情事件、四肢傷厄之災，歲運逢乙年則凶禍較輕。

例子：

財		日元		E		才
己	合	甲		壬		戊
巳		辰	沖	戌	沖	辰
食		才		才		才

大運
癸亥　甲子　乙丑　丙寅　丁卯　戊辰　己巳

原論　甲己合於戌月，地支三土，時支是火與土，不違逆，天干又透戊土原神，四柱不見木星為真化格。

蘇論　此造可作財來合我、財多身弱論，且中運寅卯辰東方木，助旺日元，必大進財資，不需作五合化氣格推論。

例子：

財		日元	比	官
己	合	甲	甲	辛
巳		午	午	巳
食		傷	傷	食

大運
癸巳　壬辰　辛卯　庚寅　己丑　戊子　丁亥　丙戌

原論　甲己合於午月，不得月令之氣，故不作從化格看，而作從勢看。

蘇論　論從勢之時已評論過，請參閱前篇（詳見本書第176頁）。

例子：

時	日	月	年
官	日元	印	殺
甲（合）	己	丙	乙
戌	酉	戌	丑
劫	食	劫	祿

大運

乙	甲	癸	壬	辛	庚	己
酉	申	未	午	巳	辰	卯

原論

甲己合於戌月，地支三土，時支與土不逆，但土不透干，乙木雖透破格，但因其無根故可作化格看。

蘇論

如有化格，此局為化格身弱宜用火印，但如以寒熱命論，則此造秋土雖旺，但寒土必賴火溫方為有用之土，所以不論以化格或寒熱命推論，此局皆以火為用。但因以前並無寒熱命論法，故解釋不到為何用火，所以才有化格之出現。

乙庚化金

（一）必須生於巳酉丑申的月令，地支金星在兩個以上且天干透庚辛，或地支金旺不透出，皆可作化格看。

（二）四柱不見火星來剋。

（三）時支非木火，喜金生旺之地，臨金之絕地不化。

（四）行運用金作用神，金土為喜，木火為忌。歲運逢丙丁，因為剋制庚金，化神受損，故恐有火災及因與人爭鬥而招惹災禍官司，辛剋乙亦凶。

例子：

	官	才	日元		官
天干	庚	己	乙	合	庚
地支	子	丑	巳		辰
	印	才	傷		財

大運

庚寅　辛卯　壬辰　癸巳　甲午　乙未　丙申

原論

乙庚合於丑月有合化之意，但地支無金，故不能作化格看。如作正格看，則此局喜火為用。

蘇論

此局為官來合我，但格局以官為忌，食傷為喜，為愛假惡真之局，用神不專，屬一般格局而已。

丙辛化水

（一）必須生在申子辰亥月，地支水星在兩顆以上，且天干透出壬癸，但如地支水旺，不透亦可成格。

（二）四柱不見乾土來剋破。

（三）時支非土，喜金水之地。

（四）行運以水為用神，用水喜金，大忌土運，火亦凶，歲運逢壬癸因剋丙火，化神一字還原，凶禍防精神病、色情事件、水厄等；歲運如遇丁剋辛亦凶，遇丙爭合則破格。

例子：

食	官		日元	印
癸	丙	合	辛	戊
丑	辰		亥	子
巳	印		傷	食

大運

乙	甲	癸	壬	辛	庚	己
卯	寅	丑	子	亥	戌	酉

原論

丙辛合生於辰月，地支水旺成方且癸透天干，但因戊癸遙合，故可作假化，且行運得宜，戌運凶。

蘇論

以寒熱命論，辛金生於季春，宜以水為用，局中水旺為佳局，行運喜水，戌運帶火而辰戌沖，丑戌刑為凶，看法與化格相同。

例子：

傷	食	日元		官
壬	癸	辛	合	丙
子	丑	亥		申
食	E	傷		劫

大運						
甲寅	乙卯	丙辰	丁巳	戊午	己未	庚申

原論

丙辛合生於丑月，但地支水旺成方，且透壬癸，作化格看，行丁巳運即凶。

蘇論

此局亦應以清寒命論之——局中利木火而忌金水，巳運凶如以身體來判斷則為壞運無疑，因此造忌辛金只賴申為根，因丑與亥子合成水方，無力生金，而巳運一來旺水臨絕地，二來巳申合，火剋金，故以身體判斷為凶運。

但以運程判斷，巳午未三十年火運應為一生最好的時候，唯入丁巳運時為絕處逢生，過度後必有一番佳景。

例子：

時		日	月	年
官		日元	比	傷
丙	合	辛	辛	壬
申		亥	亥	辰
劫		傷	傷	印

大運

壬子　癸丑　甲寅　乙卯　丙辰　丁巳　戊午

原論

清太宗命，丙辛化水，生於十月，水旺秉令，支聚申亥，更得辰字，壬水元神出干，辛金生助為用，格局純粹，不能動搖。

雖運行東方洩氣之地，惟東征西討，所向有功，開清室三百年之基。

蘇論

以上之評論，異常牽強，即使有化格，但此局一丙兩辛為爭合，即使能化水也不是一個上好格局。加上六十年木火大運為逆運，又怎可能開闖一番大事業呢？況且既為太宗之命，出生時間又有誰去注意呢？所以此等八字是穿鑿附會居多，並不可靠。

從以上八字來斷，此應為清寒之命，一生運走東南木火之地，必有一番功績。

丁壬化木

（一）必須生在亥卯未寅月，地支木星在二位以上，天干透甲乙。

（二）四柱不見金來剋破。

（三）時支不見金及木之死絕地。

（四）用神為木，行運用木喜水，大忌金鄉，土亦忌。逢戊己歲運剋壬水，化神一字還原，必然大破家財，不然亦有色情風波、道路之災，又癸歲運制丁亦凶。

例子：

財	傷	日元		官
庚	戊	丁	合	壬
辰	寅	未		寅
傷	印	食		印

大運

己	庚	辛	壬	癸	甲	乙
卯	辰	巳	午	未	申	酉

原論

丁壬合生於寅月，地支二寅，辰未內均含木，雖木不透亦可作化，但庚金出干有戊辰生，而不見制合，故不能作從化格看。

蘇論

上局官來合我明矣，以寒熱命論，此局喜火利木，大運五十年木火，必有一番作為。

例子：

財	財		日元	比
丁	丁	合	壬	壬
巳	未		寅	寅
才	官		食	食

大運

戊申　己酉　庚戌　辛亥　壬子　癸丑

原論

此女命生於大暑後，兩丁兩壬，各自相合。月令未為木庫，丁壬化木失時，喜逢日時兩寅，格成假化。

運行北方二十年水旺之地，居積致富。

蘇論

未發明寒熱命時，以上之命格不是從、就是化，此乃日元無根之關係。但從勢應以金水為忌，但化木則可以解釋大運水可以生木。

此造用寒熱命去判斷，簡單易明——水生夏月無水，為清枯秀才之命，格局不大，行運亦宜金水。

此局六十年金水大運，必然漸入佳景。

例子：

食	日元		財	傷
甲	壬	合	丁	乙
辰	寅		亥	卯
殺	食		祿	傷

大運

丙	乙	甲	癸	壬	辛	庚	己
戌	酉	申	未	午	巳	辰	卯

原論 壬丁合於亥月，甲乙透干，地支木方，真化木格，申酉運有災，癸未壬午大順。

蘇論 此局壬水得祿於月令，怎可隨丁化木？雖局中木旺，但亦只作日元不弱。

以食傷過旺論之，食傷過旺者宜用財洩食傷，故不論以寒熱命或古法論斷，此局皆以火為用，不必轉折而斷為從化之格。

例子：

比	比	日元	財
壬	壬	壬	合 丁
申	沖 寅	午	未
E	食	財	官

大運						
己卯	庚辰	辛巳	壬午	癸未	甲申	乙酉

原論

丁壬合生於寅月，但地支只有一木，天干又不透木，且地支見金剋木，故不能作從化看，要以正格論。

蘇論

上局為財來合我，局中雖食傷財旺而身弱，但仍以木火為用，又局中得五十年木火大運，極為配合。但如以身旺身弱論，則此局身弱而逢沖，且三十年火運剋金，身體狀況恐不太理想。

戊癸化火

（一）必須生在寅午戌巳月，地支火星在二位以上，天干透出丙丁。

（二）四柱不見木來剋破。

（三）時支不能見水及火之死絕地。

（四）以火作用神，行運用火喜木，大忌水鄉及金。歲運逢甲乙剋戊土，使化神一字還原，防有酒色交通事故、流血疾病之災，己剋癸亦凶。

例子：

財	官		日元	傷
丙	戊	合	癸	甲
戌	戌		巳	寅
官	官		財	傷

大運

己	庚	辛	壬	癸	甲	乙
亥	子	丑	寅	卯	辰	巳

原論

癸戊合生於戌月，地支一火，但寅戌半會又火透干，無水剋，故可化。

蘇論

如論其化火，但土比火旺，戊焉會隨水而化火？道理根本不通。如用寒熱命論，簡單易明——此局癸水生於三秋，不管身旺身弱皆以火為用。局中火多為佳命，火少為普通命，行運利木火而不忌金水，金水為普通運而木火為佳運，火為上，木次之。

例子：

年	月		日	時
E	財		日元	印
丙	癸	合	戊	丁
戌	巳		午	巳
祿	E		印	E

大運 甲午　乙未　丙申　丁酉　戊戌　己亥　庚子

原論　戊土日元合於月上之癸而生四月，火神秉令，支聚午戌，干透丙丁元神生助火旺，化格無礙。

蘇論　如有化格，此局必化無疑，但如以寒熱命論，亦簡單易明。

上局戊土生三夏而水無力，正格論為火炎土燥，生機全無，但寒熱命則論為清枯秀才之命，格局不差，但行運仍宜金水。

此造行六十年金水大運，配合得宜，必有一番景象。

入化格之條件

（一）日主必須無強根（即比劫印綬在地支）。

（二）日干與月干或時干，正好成為天干五合之一。

（三）月令必須是化神當令之月及三合成化神之月（如壬丁化木則在寅月或亥卯未月）。

（四）化神在局中要旺，不能見剋化神之字。

（五）化神之原神最好能透出，如丁壬化木要透甲乙。

（六）凡月干與時干同字成爭合妒合或日干與年干成爭合妒合，因合不專純而需作正格論命。

化氣格行運

（一）化字一字還原，災霉、官刑、破產、敗業、色禍就會顯應。

（二）遇助化之運，有貴人相遇。

（三）化神不真者，其富貴必不長久；若逢破化及還原之運，則難免大破敗，一落千丈，面相全非，嚴重者甚至人亡。

（四）化神旺而有餘，喜行洩化神之運，否則不喜行食傷運。

化氣格真正純粹者極少，真化之人多出身富貴，即使運不相助亦有一定地位與財富。如行運得助，則富貴可期。

一般化格不純粹者較多，謂之假化。假化之人，出身寒微，六親無力，若得運助則可變假成真，白手成家而大富大貴。若脫運逢逆，即一落千丈。

真化格中有轉敗為成者仍不失為真化。

假化者乃原局具備部份從化條件，但尚有部份還未達合化的要求而要行運來助其符合合化的要求，即以行運來變假成真，故假化必原局不純粹，而待運來促成之。

假化格之七種情況

一、能合化但日主帶苗根（印劫）者

如甲己合而生於辰戌丑未月令能化土，但甲日干地支見寅或卯，天干見壬或癸，及甲或乙，則日主並未弱極難以隨便取捨，且剋制化神而原局又無

轉敗為成的條件，形成既化又不化的情況，這樣只要日支與時支不違逆化神即可作假化論，而行運能剋去合去，沖去合化而不逆化神，使假化變為真化即能發福，甲己合而化土，甲木不能有根苗而己屬土則不忌印劫。

二、合神真而化神日主孤弱者

如庚日干見乙庚合而生於巳酉丑申月令可化金，但其他干支不再見金土，雖能合化但化神弱極，化格亦不純粹，必須運行土金幫助化神而變假為真。

三、合神不真而日主無根

如丙日干合辛金而不生於申子辰亥月，但丙日干四柱不見印劫，日干弱極，由於化神未得月令旺氣，化神不真，日主又不得不為假化，必要行運金水助化神而發。

四、日主無根而化神不足

甲日干合己土而生於辰戌丑未月，四柱不見比劫，但四柱中土亦不旺，必是金水旺而洩化神。化神較弱，必須運行火土之地，生助化神而得以發福，反之己日干無根，即化神無根，即不可言化。

五、合化雖真而有閒神來傷化神者

如戊癸合而生於寅午戌巳月令，癸日干地支無根而火星得時乘旺，原可以按真化火論，但天干透出壬癸制化神，原局又無戊己以制壬癸，化格剋破乃為假化，待運行戊己制去壬癸或丁運合壬，戊運合癸，變假為真。

六、化神不足而日主無氣者

如壬日干合丁而生於亥卯未寅月，四柱不見比劫，但地支化神又不旺，天干雖透甲乙亦難助旺神，此為化神不足。

日主無氣必待行運水木之地以助化神，變假為真。

若丁日干日主無氣無礙於化，壬日干因水能生木。

七、合化而調候不及者

如乙庚合而生於丑月化金，寒土不能生金，冬金寒冷而水旺洩金，化神不足，必須行帶火之土運（戌土，未土），則火能解凍而土暖金生，亦變假為真。

假化格因八字結構極易破損，大多兄弟無緣或過繼於叔伯宗親，或兄弟多為他人養子，早年大都困窮孤苦至不得志。然一遇假行真運則飛黃騰達，名利雙收，但時過境遷，當回復至原來的地位。

例子：

財		日元	傷	比
己巳	合	甲戌	丁丑	甲寅
食		才	財	祿

大運

乙酉	甲申	癸未	壬午	辛巳	庚辰	己卯	戊寅

原論

甲木生於丑月，己土通根臨旺，甲己合而見丁火生土，有化合之條件。但年柱甲寅比祿破格，甲木生丁火，丁火生合化之土，格成假化，運至庚辰而發。

蘇論

一個這麼簡單的八字，本是財來合我，以食傷為用，但轉轉折折之下，竟判斷為假化，好像逢合必化一樣。原論者似乎從來沒有接觸過「財來合我」或「官來合我」這些名稱，到底是古代沒有這些名稱，還是寫的人不懂呢？

事實上，不論日元或其他天干，合是合，化是化，我早已發現合一定不會化，故年月相合為互相牽制而無用。己見甲為官來合我，甲見己為財來合我，化與不化根本不需要考慮。

此外尚有「兩神成象」、「魁罡格」、「金神格」、「三奇格」等亦不必理會。

第十二章

八字遺稿

這篇論格局之手稿是我在九〇至九二年間、傳統八字造詣達到最高峰時寫的，遺失了十多二十年。及至二〇一〇年年中，竟然在整理雜物時找出來。本來同時還有我師傅給我的一大疊古訣手稿，足以編成一半書的，可惜不知道給誰人拿走了。還幸我的那份手稿給我拿回家看，因而得以保存。現將整份手稿一字不變，載錄出來，供各位讀者細味。

財格

財多身弱

財多身弱，一般為命中財極重而日元根弱，最忌命中見官殺透出，因財旺生殺即使行印劫幫身之運，亦難生發。

財多身弱用比劫

性情

如命中透比劫即以比劫為用，其人大多努力工作，以營謀得財，且身邊朋友極多，亦懂得利用身邊之朋友來發展其事業，所以人緣甚佳。惟要注意，此種格局朋友雖多，但極難找到知心朋友。

事業

財多身弱而用比劫的人，一生錢財甚豐，有千金散盡還復來之象，且每每絕處逢生，得平輩貴人之助而達致成功。如加上大運行比劫之方，必成大富。

六親

財多身弱大多與父親無緣，與母親緣份較佳。但要注意財多身弱的八字，其父親多數較頑固，而母親則通情達理。

婚姻

財多身弱，多有婚姻不定之象，故早婚必定重婚。惟得此格局之人，大多娶得賢妻，亦有得妻財或由岳丈提攜致富之象，故不論幾段姻緣，皆能得異性垂青及幫助。

總結

財多身弱而用比劫的命，大多會一群人一起發展其事業，而成功時亦會一起成功。但如果財多身弱用比劫之人，單獨投資的話，則不太有利，大多會在成功後失去一部份財富，或投資做生意常有壞賬出現，不可不察。

財多身弱用印

性情

財多身弱用印，性情大多較為融和，遇事而不緊張，給人溫溫吞吞之感覺。且其人會隨遇而安，但每每有奇逢而得貴人之助。

事業

財多身弱用印之人，一生能得長輩提攜，從而達致事業成功，且其成功因素，並非因其努力所得，而是莫名其妙就自然水到渠成。但此種命格最忌再行財運，因再行財運破印，就會因財而引致官非，名譽受損，甚至有牢獄之災。

六親

財多身弱用印之格局，一般父母不和，性格不合，命中得母親之助且緣份亦佳，相反父親則無緣無助。

婚姻

財多身弱用印之格局，一般常受女色所累而招致損失。

至於妻子方面，主要看妻宮（日支）坐財或坐印——坐財招麻煩之妻子，坐印則招賢妻。

總結

財多身弱用印之局大多為人優柔寡斷，但易得長輩提攜，然一生不宜太多動產，有必惹事，不動產則無礙。

財多身極弱，印劫皆難用

結構

財多身極弱之局，一般滿局財星，帶官或食傷有印則印無根或財破印，有劫財劫弱而不能為用，但從財又不成，這種格局即使行運，亦難生發。

性情

其人無奮鬥心，隨遇而安，無主見，作事無恆心，致使一生皆不會成功。

事業

大多從事與錢銀有關之工作，例如收銀、會計、金融、銀行櫃枱等，但即使行運，最多亦為銀行分區經理。

六親

財多身極弱，大多六親無緣，夫亦無緣，為孤獨之命。

婚姻

有婚嫁不定或一妻不能終老之象，男則一生常被感情所累。

總結

財多身極弱之格，應從事穩定事業，在大機構或政府裏面做事較佳，最不適宜投資創業。

從財格

結構

滿局財星，月令為財且得時得地得勢，黨眾且強旺，日元無根無印或有而極弱不可為用，不得不從其財之氣勢，格成從財格。

性情

真從財格（即日元無印無根）大多善於交際，人緣極佳，一生常得異性之助，機緣巧遇亦特別多。

假從財（命帶微根或微印又不可為用）大多擅於計算，為人對錢財看得較重，即使有錢，亦斤斤計較，給人愚魯之感覺。

事業

從財格者，一生宜做生意，如帶食傷，可因投資致富；如帶官殺，則可在大機構從事高職位的財務管理工作，甚至出任國家財政部長。

六親

從財格不論真從或假從，皆與父緣厚而母緣薄，兄弟間感情平平。

婚姻

從財不論真假，皆一生能得異性之助，甚少有人負他。

總結

從財格可說是一生帶財，無論好運、壞運皆不愁衣食，可說是極佳之格局。

身強財弱

結構

身強財弱一般為日元強旺，而財弱，局中無有力之食傷生財，亦無有力之官殺護財。

性情

身強財弱的格局，一般比較辛苦，作事主觀而欠缺融和之心，所以較難與人相處。雖喜助人，但往往適得其反，招致金錢上之損失。

事業

身強財弱而大運行食傷，可投資致富，但不宜與人合資，獨資較為有利。

大運行官殺，則適宜於大機構或政府機關工作，必有成就。

大運再行印比，則適宜從事專門技術，辛苦得財，切記不宜從商。

六親

身強財弱必與父無緣，甚或相剋，自小有生離死別之象。母則不剋，但亦無助。

婚姻

剋妻之命，宜硬配（即細十年以下或同年以上），切忌與年齡相若之對象結合。女命則無大礙，只要不再行印劫運，大多夫妻可以終老。

總結

身強財弱不能算是一個好格局，因為身強財弱即比劫多而財不夠分，引致一生不能積財，常因朋友而破財或被人騙財。

身財兩旺

結構

身財兩旺之局即日元通根乘旺或黨眾而財亦通根乘旺而黨眾，成為身旺財亦旺之局，這種格局可謂上等格局。身旺財兩旺命中帶食傷以食傷生財為用，官殺旺財則用財生官殺為用。

性情

身財兩旺在性情上，沒有甚麼特點，帶食傷者可能看食傷性情，帶官殺則可看官殺性情。

事業

帶食傷者，必因從商致富；帶官殺者，亦能獨當一面，可在大機構任高職或與人合謀致富。

六親

身財兩旺大多與父親緣厚，且易有與父親合作經營之機會，但母則易有相剋之象，但相剋不重，不致生離死別。

婚姻

在婚姻方面，最重要看命中結構如何，因為命中天干透財多代表一生桃花重而不實，但如果天干比劫多而獨透一財，則易惹感情風波，如陷入三角戀等事，而最好則是妻宮日支坐財星，這種結構必得賢妻。

總結

身旺財旺為一個甚佳之格局，如一生能走食傷、財、官殺旺地大多可以扶搖直上，富貴可期，即使再行印比運亦不至潦倒一生，有一定之財富。

官格

官印相生

結構

官印相生即官星通根乘旺而日元較弱，而命中帶印，以印為用。最忌者為見財生官壞印，使格局盡破，因貪贓枉法而失去名譽地位。

性情

官印相生，為人清高正直，作事公平，給人公正不阿之感，凡事均取中庸之道，厭惡激進手段，做事總是按部就班、循序漸進。

事業

事業方面適宜從事官職或在管理階層任職。

六親

官印相生為清貴之格局，其家庭大多為守法清廉之家，且甚得母親之助，緣份亦佳。如命中帶財，則只要財不破印，父親緣份及助力亦佳。

婚姻

官印相生如財不破印，則易得賢妻，女命則其夫大多有一定之地位名氣。

總結

官印相生不失為一個清貴之格局，最適宜從事政治及在大機構工作。

財生官格

結構

財生官格即命中之日元旺而用官星制日元為用，但官星力弱，不足以相制日元，必要用財來助官而最好命中帶財，為財官格。

性情

財官格性情往往表面上極其清廉，有正義感，給人光明正大的感覺，但其實其人對財之看法極重，且容易出現用錢買名譽之手段，如選舉舞弊等事，所以不宜任公職。

事業

財官格最適宜從商，因官代表地位，財代表錢財，如從商的話，則財官格比較容易得到財富及地位。

六親

與父緣厚，能得父親之助，母則平安無剋無害。

婚姻

財官格因結構方面比較理想，所以男命可得妻助，女命則嫁得好夫。

總結

財官格因格局官弱而用財生，如運行財官，必得富貴，即使運行印比，亦有一定之名譽財富。

殺格

殺印相生

結構

殺印相生即命中日元弱而殺旺攻身，需印星洩殺生日元通關為用，最忌見財星壞印，如見財星壞印則易生官非、打架、刀傷、車禍及財色爭訟等事。

性情

殺印相生大多明敏而果決，遇事沉着應付，有大將之風，又殺印相生之局為文人帶兵，不會予人粗魯之感覺。

事業

殺印相生之局，不論從事何種工作，皆處於領導地位，且一生由生到死，都在主導地位，並不受制於人。但殺印相生生於亂世較為適合，必為亂世之英雄豪傑。但生於太平盛世的話，如稍有配合不宜或出生環境所致，則容易成為黑道之領導人物。

六親

殺印相生之局大多與父無緣或與父不和，尤以年帶七殺者為甚，與母則大多感情特別融洽，且得母助，待母亦能孝順。

婚姻

殺印相生之局大多能得妻助，但大多為怕老婆命，且易得惡妻，但仍需看社會的女權地位如何，如社會上女權地位不高漲還好，反之更甚。

總結

殺印相生為一極明敏果斷之格，只要不行財破印之運，其一生大多時間都較常人風光，名氣亦較大，不論於黑道或白道亦然。但如行財破印運，則必為財色之事而失去名譽，甚至因官非坐牢。

財滋弱殺

結構

命中日元強旺而無食傷轉化，反而透殺，但透殺而殺通根不旺，亦無強財所生，這種情況不足以相制日元，而必須財來生殺制日元。

性情

財滋弱殺格，大多為人表面硬頸剛強，但實際上遇事難斷，反求於人。

事業

財滋弱殺格適宜於管理工作，惟投資時不宜獨自經營，較適宜運用別人財富，投資發展。也就是說，其人宜在表面任老闆，但實際老闆則在幕後而不露面，這種投資方式對於投資者及財滋弱殺格的管理者最為有利。

六親

財滋弱殺格與父親緣份較好，母親則平平，而兄弟姐妹大多無助。

婚姻

財滋弱殺一生能得異性之助，大多在未行運還是窮光蛋的時候，已經有異性對他垂青，為他捱窮，但那些女性亦沒有投資錯誤，因為他必有出頭一天。女性方面亦為幫夫運，可助夫發展其事業，但其夫大多較為內向或膽小。

總結

財滋弱殺格基本上為不錯之格局，如能運行財地，必然富貴齊來，即使再行印劫之地，亦有一定的領導地位。

食傷制殺

結構

命中日元不弱而殺強，不宜用印化殺，這種情況最適宜用食神或傷官制殺，這樣制殺為用，必然權威萬里。

性情

食傷制殺為一極猛之格局，所以為人性情急躁，說一不二，明敏果決而不讓人，爭勝之心亦比常人為強，具有不屈不撓之性格。又正義感極強，有鋤強扶弱之心。

事業

食傷制殺最適宜武職掌權，如軍人警察、冒險家等最為適合，亦有在黑道發展或商業發展而得大權者，惟此格極不適宜文職及靜態工作。

六親

食傷制殺之格，大多親情較為淡薄，其人幫理不幫親，朋友比親人緣份較好。

婚姻

食傷制殺之格，不論男女亦能駕馭其配偶，但女性不免常感其丈夫不夠男子氣慨。

總結

食傷制殺為一較險之格局，如運行比劫食傷運當然權高位重，但如運行財旺運或官殺印運，則易生官非、車禍，甚或有生命之厄。

羊刃駕殺

結構

羊刃駕殺為命中殺強且旺而命中無有力之食傷制殺或強印化殺，只有羊刃，便用羊刃之凶力與七殺相抗衡，此為之羊刃駕殺。羊刃駕殺為武職最強之局，但亦為最凶之局。

性情

羊刃駕殺其人性格極之暴躁，不耐煩，給人很大的壓迫感，令人有不怒而威的感覺，所以其難與人相處，亦為一極苛刻之上司。

事業

羊刃駕殺古時為鎮守邊疆的大將軍，擅於衝鋒犯險而面無懼色。但在太平時代則無用武之地，反而成為危險人物，但此局如受過高深教育，亦可將凶性壓制，最適宜之工作為軍政武職。

六親

羊刃駕殺為六親無緣之命，命中微帶印而不忌則與母稍有緣份，但與父則大多無緣。

婚姻

羊刃駕殺不論男女皆為剋夫剋妻之命，男女皆宜遲婚，再加硬配更佳，也就是男娶細自己十年以上或同齡及比自己稍大之女為妻；女則要嫁少夫或老夫，方免相剋生離死別之苦。

總結

羊刃駕殺為極險之格，因行運助羊刃則殺弱，行運助殺則日元弱，兩者皆為不利，但最忌者為沖殺或沖刃，兩者皆有殺身之禍或手術損傷。

官殺混雜

結構

命中官殺乘旺，天透地藏，且年月時干見官星而又見殺，謂之官殺混雜，而官殺混雜最忌身弱而無制化，如身旺有制化則無妨。

性情

官殺混雜者大多性情不定，時而優柔，時而決斷，性情陰晴不定，一生色情事件特多。

事業

官殺混雜適宜從事專門技術工作，否則以其心意不定之性格，一生難有建樹，即使運行去清之物，過後亦煙消雲散。

六親

官殺混雜大多與父不和，母則緣份較好。

婚姻

官殺混雜之局，一生色情事件特多，此局雖然大多懼妻，但婚後仍不會安份守己，女命則多重婚。

總結

總的來說，官殺混雜並不是一個好的格局，因其一生大多崎嶇不平，每每有時不與我之感覺。但如運行食傷，去官留殺或去殺留官，則格局轉為清純，仍可發富發貴。

從官殺

結構

命中官殺滿盤，日元根氣全無或有微根而不可用，局中亦不見食傷剋官殺而復有財生官殺，亦不能見印。

性情

從官殺之性格，大多明敏果決，遇事能斷，給人可靠及泰山崩於前而面不改容之感覺。且為人公私分明，作事公平，亦為出色之領導者。

事業

從官殺格必為領導之物，真從大多出生富貴之家，假從則只要行運配合，亦不失其富貴。所以在事業上限制比較少，不論從事何種行業，皆可成為領導者。

六親

從官殺大多得祖蔭之力，與父緣厚，與母則無緣，兄弟亦無緣。

婚姻

此格能得異性垂青，且必能得妻助，一生風流之事極多，女命則得貴夫。

總結

從官殺格為一高級極局，不論真從或假從皆富貴可期，但最忌行食傷運，必然掉官失職或有官非禍事，而行印比運亦不佳。

印格（不論正印或偏印）

印格用食傷

結構

命中印星極旺，生旺日元，而官殺不能為用，這種情況得食傷洩日元為用，為印格用食傷。

性情

印格用食傷，其人性情溫和仁厚，有惻隱之心，對人不記怨恨，有寬恕之心。正印多則愛好佛學，偏印多則喜研究術數或道學，印格透食神則為人溫和、聰明而內向多情，透傷官則聰明，鋒芒畢露，外向而多情。

事業

印格用食傷，一般從事思想及藝術性之工作，例如影星、音樂家、設計師、電腦程式員，甚至風水算命等行業，且大多在行內有一定之地位。如能運行食傷，則加倍成功，即使運行官印，亦不失為一個良工。

六親

印格用食傷，如局中印在時，一般會偏聽母話或反面不睦，可謂極端之極，而父親則感情平平，兄弟間亦不會太過投緣或反目成仇。

婚姻

印格用食傷，不論男女皆多情，尤以偏印食傷為甚，而且樣貌能維持長久青春，所以不論男女，到中年以後還會得到異性垂青，可謂得天獨厚。但可惜因多情之關係，大多難以維持長久之婚姻關係，但男命則比女命較為穩定。

總結

印格用食傷之局，必有過人之思想，學每樣東西，皆容易領悟，給人滿腹經綸之感覺。但可能他只是博而不精，所以有此格局之人，必須長期從事同一行業，才能得到真正的成就。

印旺用財

結構

命中印星天透地藏，得時得地得勢，無有力之食傷洩化，反而財星通根有力，這種情況，必以財破印為用。

性情

印旺用財之局，一般不是一個機靈的人，且給人不上不下之感覺，但為人愛面子，不會做出令自己丟臉之事情，所以能得人信任，反而成為成功之條件。但印旺用財再行印運，則偏向佛道，甚至有出家避世之可能。但運行財鄉，必發大富貴，甚至能任財政部長等職。

事業

印旺用財之局，最適宜從事有關錢銀往來之工作，但此局行運至為重要，如運行食傷財運，必能成為一個大企業家或大財閥；但運行印鄉，大多與佛道有緣，且為人優柔寡斷，一生難有建樹。

六親

印旺用財之局，父母大多不和及有兩個母親以上，而且與父母緣份皆薄。有時有另一種壞情況，就是母親不是與己反目成仇，便是過份關心。又不論男女在擇偶時，母親常常會給予意見，引致錯過姻緣，到三、四十歲仍未嫁娶。

婚姻

印旺用財之象，男的大多招得賢妻，且能得妻助而一起發展事業，如行財運的話則更佳，但必有外遇。

女命則為極為不利之格，一生容易錯過婚緣，丫角終老，就算有幸能有婚嫁之緣，亦難招好的夫婿。

總結

印旺用財之局，為一個極為極端之格局，不是大富大貴，便是孤獨終身，其結果皆為行運控制。如一生行食傷財運，必然大富大貴，如一生行印比之運，則六親無緣，以致孤獨終身或投身佛道。

身弱用印（剋洩交加）

結構

身弱用印，一般命中食傷、官殺齊透，而剛好印星透出而有力，必以印為用，因印星可以洩官殺、制食傷、生日元，一舉三得，亦不失為好格局。

性情

身弱用印一般局中剋洩交加為病，所以其人性情游移不定，遇事難斷，即使行運配合亦不會變為明敏果斷之人。

事業

身弱用印之局，大多因人而致富，或能得長輩上司提攜而扶搖直上，甚少因自己創業而得成功之例子。又此局之人不適宜做領導之工作，任幕後策劃則較為適宜。

六親

身弱用印之局，必以父親為忌，一生常常因父親而帶來麻煩，又或者出生於單親家庭，自小由母親養大成人，而兄弟姐妹間大多融洽而有助力。

婚姻

身弱用印，男命多為懼妻之命，且一生常受女色所累，甚或被玩弄於股掌之中。而女命一般婚姻較好，但亦不是無風無浪，因此局之女性，易落風塵，如行運配合，則大多會在風塵中遇到一個很好之對象，從而幫助其事業得到成功。但如行運不配，再行食傷財官殺運，則一生不能自拔。

總結

身弱用印之局，因其結構大多剋洩交加，與殺印相生、官印相生有所不同，所以不能算是一個上等之格局。故即使行運配合得宜，亦大多為小康之家，當中能得大富貴者少之又少。

從印（即從強格）

結構

從印格一般印星天透地藏而成群成黨，而局中無財及無有力之食傷洩化，這種情況稱之為從印格。而從印格行運必要順其氣勢，以印為用，官殺為喜，比劫不忌，最忌運行財星壞印，食傷亦不適宜。

性情

從印格因滿局印星，故其人慈悲為懷，有寬恕之心，重名譽，愛面子，很少會做出殘酷的事情，即使面對仇敵亦能有寬恕之心，此局為一個很好的上司長輩，且有潛心向佛之心。

事業

從印格一生能得貴人扶持，且長上亦有一定之財富，可說是一個極佳的格局。事業方面適應度較大，不論從事何種行業，皆有得力之左右手，從而助其達到成功之境。

六親

從印格一生必得長輩之助，與母緣厚，與父雖或無緣，但大多只是少見面或不投緣而已，不會反目成仇，兄弟緣份亦可。

婚姻

從印格大多夫妻緣份較弱，男命必一生為情所困，每每付出感情而收穫不豐，最終對愛情失去希望，隨便找一個對自己關心的異性結婚了事，有時亦會單身終老。

從印格之女命則較佳，只要運行官殺，亦能得到一段好姻緣，但運過即止。如早行官殺運即中年以後為無夫之命，如遲行官殺運則可夫妻終老。

總結

從印格為一清貴之格局，其人一生清閒而易得名氣，易成為社會賢達、慈善家等，但最忌運行財鄉。如運行財鄉，必因財惹禍，或因貪污而被揭發，或因色情事件而失去社會地位。

食神傷官格

食傷生財

結構

食傷生財格一般日元強旺，用食傷洩氣生財為用，最忌見印星剋制食傷，見官殺亦為忌，因見官殺容易引致食傷生財，財生官殺，官殺轉剋日元，以致日元處於剋洩交加之中。

性情

食神生財與傷官生財，在性情上有很明顯的不同，因食神為人保守、內向多情，作事有長遠之計劃，富愁善感，屬於悲觀一類之個性。

傷官則剛好相反，傷官為人外向多情、樂觀、驕傲、天真而有創造力，且為人多學少成，處事鋒芒畢露，予人博學多才、處變不驚的感覺。

事業

食傷生財格，一般都從事思想及自我表現之工作，如藝術、表演事業，以及九流雜藝等，而一般從商之人亦多屬這種格局。

六親

食傷生財一般無父母特別無緣或有緣之分別。如局中比劫多、財多，則與父有相剋；如食傷旺、財旺則能得父親之助力。母親方面，則此局一般無大幫助。

婚姻

食傷生財之男命大多得到賢妻或妻能助其事業發展。

此局之女命，婚姻最為不利，有剋夫之象，尤其是傷官生財更甚，如能運行財地則可保有夫緣，但如運行食傷之地則必然剋夫或無夫。即使行此運以前已結婚，但一行食傷運則不是離婚就是夫妻感情緣份淡薄。

總結

食傷生財之局亦為一個上等之格局，一般從商之人，大都是這種格局，如能運行食傷財星，則必發大財，但如運行官印，則有志難伸，投資亦每每失利，終身不能興發。

制殺太過

結構

局中日元不弱而官殺制日元為用，但局中食傷過旺制殺太過，以致不能為用，這種情況最宜見財洩食傷生官殺為用。

性情

制殺太過，其人反而失去七殺果斷之性格，變成懦弱怕事，疑心重，遇事優柔寡斷而無大將之風。但如能運行財官殺之地，亦可得七殺之果斷性。

事業

制殺太過之局，大多從事管理事業，但因其殺無力，所以下屬大多陽奉陰違，難以得到下屬之專重與信任。

六親

制殺太過一般與父緣厚，但可惜助力不足，而母則平平。

婚姻

制殺太過之局，大都得到妻子之協助發展其事業，且其人大多偏聽妻話，予人懼內之感覺。

總結

制殺太過之格，不能算是上等之局，即使行運得宜，亦富貴一般。如行運不配，即一生庸庸碌碌，無甚建樹，最多只為管工之類。更差的話，其人常常胡思亂想，常自覺懷才不遇，以致怨天尤人，一生無用。

食傷佩印

結構

食傷佩印格剛好與印格用食傷之局相反，因食傷佩印之局是局中食傷過旺，日元弱，用印星制食傷生日元，行運喜行官印之地，不宜食傷財地。

性情

食傷佩印格，因係食傷過旺而用印制食傷，所以其人多是思潮不定，時而決斷，時而優柔，又食傷過旺而印星無力，其人大多胡思亂想，甚至神經衰弱或精神出現問題。如再行食傷運則其人有自殺傾向，但如能運行印地，亦可成為機靈聰明之人。

事業

食神佩印因食傷過多，所以最適宜從事具穩定性及專門性之工作，盡量避免做思想性之工作，除非運行印星，否則必會加強其極度敏感之性情。如在事業或感情上遇到挫折，可引致神經錯亂而自殺或傷人。又此格之人在工作之餘，亦適宜去學一些專門技藝如畫畫、音樂甚至風水命理等術。

六親

食傷佩印，大都父母緣份皆好，尤其母親助力更大。

婚姻

食傷佩印格因其人極度敏感，所以很難維持一段長久之感情，所以很容易有獨身之象。除非能夠運行印地，制伏食傷，這樣才有婚嫁之望。

總結

食傷佩印因食傷旺而用印制食傷，如局中身不太弱而能運行印地，亦有一番作為，且大多能在演藝事業方面得到成功。但如運行食傷之運，則大多悲劇收場甚至自殺身亡。

如此局一生再行食傷財地，則難有建樹，庸碌度日，虛耗一生。

從食傷格

結構

從食傷格即從兒格，其結構一定月令為食傷，局中年月時支再見食傷，又食傷乘旺，最宜見財引發食傷，而日元可以有根，但不能通根乘旺，否則照正格看，從兒格最忌見印，官殺亦忌。

性情

從兒格因食傷必旺，所以其人性情大多外向多情，有小聰明，但不算是一個極有智慧的人。

事業

從兒格大多從事要走動之工作，很少坐在辦公室裏，但從兒格不能跟其他如從財、從官殺、從印或從旺格等相比，它只能算是普通格局，只是看法較不同而已。所以從兒格不一定在社會上有財富地位，可能只是貨車司機或其他外勤工作之員。

六親

從兒格大多父親無緣，而兄弟姐妹的感情亦只屬平平矣。

婚姻

男命從兒格之婚姻跟普通格局一樣，如能運行食傷財地則婚姻不會出現問題，但如行比劫之地，則有離婚之可能。

女命從兒格在婚姻方面，則極為不利，因從兒格本為食傷過旺，而女命以官殺為夫，又食傷剋官殺，即剋夫之意也。所以女命從兒格大多婚姻不佳，即使運行官殺之流年能有結婚之機會，但流年過後，姻緣亦或會隨之結束。又找對象時，若能選一個年紀大十年以上或較自己細之丈夫，較易白頭到老。

總結

從兒格在很多書本上記載，說這種格局亦為貴格，但從我看人十多年之經驗裏面，從沒有發現過一個從兒格特別富貴，所以從兒格在命理上只可列為特別之結構而不能入於富貴之格局。

從旺格

結構

從旺格之結構必然月令為日元旺地，全局比劫天透地藏得時得地得勢，而局中不見官殺。行運喜行印比之運，如從旺格日元極旺而命中微見食傷，亦可行食傷運。

性情

從旺格因為日主一行獨旺，所以其人性情必多硬頸、剛強，做事喜獨斷獨行，最不喜歡受人支配。但其人處事大多光明正大，甚少會做出偷雞摸狗等下流之事。

事業

從旺格大多有一定之社會地位，最適宜於政治上之發展，否則從商亦為領袖人物，可說是極好之佳局。

六親

從旺格如局中有印，則必得母親之助，感情亦好。如局中見食傷，則與父亦有一定之緣份。但如局中不見印星食傷，日元一行獨旺，則大多孤獨終身，極難與人相處。

婚姻

男命從旺格如命中微見食傷則姻緣並無大礙，但如果命中不見食傷，則為剋妻之命，一妻難以終老，有一妻一妻又一妻之象。

女命從旺格如局中見印，則以印為用而不忌見官殺，這種格局，夫妻亦可終老，惟必然妻奪夫權。但如命中以食傷為用，則婚姻上恐怕困難重重，雖有幸結婚，恐亦難一夫到老。

總結

從旺格必為貴格，在用神方面如局中見印則以印為用，局中見食傷則以食傷為用，如以印為用可以行官殺運，以食傷為用則可行財運。

以印為用之局，大多貴大於富，利於從事政治；而以食傷為用之局，則大多富大於貴，利於從商。

傷官用官殺（食神同論）

結構

日元屬金生於冬令，不管身強身弱，皆以官殺為用，因冬令金寒水冷，無火則萬物不生，調候為急也。如日元弱喜印以扶助，同官印相生或殺印相生。日元旺喜財為助，同財官財殺格，而行運一律喜東南木火之地，西北為凶。

性情

傷官用官殺，因生於冬令，而金寒水冷，故其人大多喜胡思亂想，男命每有厭世之感覺，從而要找一些精神寄托，如宗教信仰或某些可以寄托精神的事物，否則一生常有自殺之念頭。如再運行西北金水之地，則情況更加明顯。

事業

傷官用官殺，因其格係食傷格之變格，所以從事之行業仍以思想性之工作為主，如格局清純，大多從事教育、文學、寫作等工作。如格局混濁，男則一生難有建樹或係宗教狂熱者，每每不肯面對現實；女性則易淪落風塵，待遇到木火大運才能生發。但生於寒帶或熱帶地區者，則大多為貴格。

六親

傷官用官殺大多與父無緣，母亦無助，且兄弟不得力。

婚姻

傷官用官殺之局如命中火星極弱，大多婚嫁無緣，且易為同性戀者。如遇火運則可得姻緣，但運過則分，絕難有長久之關係。除非一生行木火大運方免此苦，尤以女性為甚，因女性傷官本為剋夫之命，再加上生於冬令，可謂雪上加霜。

總結

傷官用官殺不能算是一個好格局，因為月令真神為食傷，必然不會以月令為用，必棄食傷而用官殺。如官殺通根有力且有財相生，亦不失為一個好格局，但官殺力弱，財亦不顯，如再加上一生運行西北金水之地，必然孤獨一生。

《相學全集》卷一至卷四

首部同時匯編相法、古訣、個人心法的相學大全！

闡述面相部位分法，如三停、十二宮、五嶽四瀆、百歲流年圖等；

公開獨立部位相法，涵蓋額、耳、眉、眼、顴、鼻、口、下巴等，盡道早歲至晚運的命運玄機；

傳授坊間少有流傳的內相秘法，頸、肩、腰、腹、臍、臀，盡見其中；

細論其他相法，包括動相、聲音、氣色，習相者不可不察。

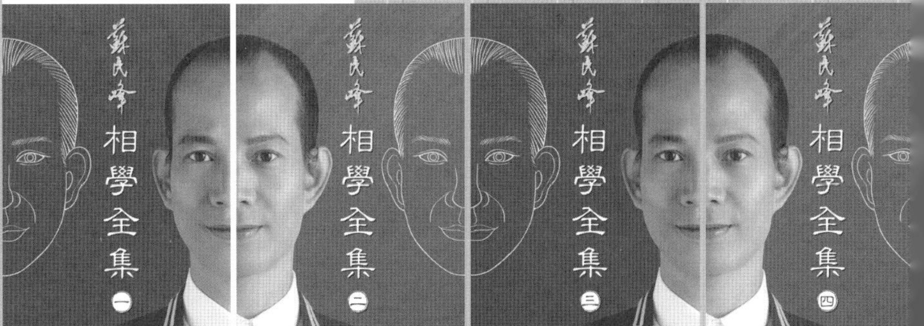

《觀相知人》

玄學大師蘇民峰自六十年代初習面相，
至今四十年有餘，
理論與實證兼美。
為方便有意研習相學之讀者，
他把多不可數之觀相心德歸納為五門，
內容涵蓋面相學的主要範疇，
並輔以二百多幅面相插圖，
令讀者更易了解；
閱畢全書，
已可掌握基本之論相須知，
既能運用於生活上知己知彼，
更能體會中國面相學之博大精深。

八字進階論格局看行運

作者

蘇民峰

編輯

吳惠芳

封面設計

Amelia Loh

美術設計

Man

出版者

圓方出版社

香港鰂魚涌英皇道 1065 號東達中心 1305 室

電話：2564 7511

傳真：2565 5539

電郵：info@wanlibk.com

網址：http://www.wanlibk.com

http://www.facebook.com/wanlibk

發行者

香港聯合書刊物流有限公司

香港新界大埔汀麗路 36 號

中華商務印刷大廈 3 字樓

電話：2150 2100

傳真：2407 3062

電郵：info@suplogistics.com.hk

承印者

合群（中國）印刷包裝有限公司

出版日期

二〇一一年二月第一次印刷

二〇一九年九月第三次印刷

Published in Hong Kong by Forms Publication,

a division of Wan Li Book Company Limited.

ISBN 978-988-8295-21-0

Published in Hong Kong